图书在版编目（CIP）数据

过去的乡居生活：典藏版 / 唐桓臻，朱志强著. —北京：清华大学出版社，2023.10
ISBN 978-7-302-64369-2

Ⅰ. ①过… Ⅱ. ①唐… ②朱… Ⅲ. ①乡村－风俗习惯史－中国 Ⅳ. ①K892

中国国家版本馆CIP数据核字（2023）第149808号

责任编辑：孙元元
装帧设计：谢晓翠
责任校对：王淑云
责任印制：杨　艳

出版发行：清华大学出版社
网　　址：http://www.tup.com.cn, http://www.wqbook.com
地　　址：北京清华大学学研大厦A座　　邮　　编：100084
社 总 机：010-83470000　　邮　　购：010-62786544
投稿与读者服务：010-62776969, c-service@tup.tsinghua.edu.cn
质量反馈：010-62772015, zhiliang@tup.tsinghua.edu.cn
印 装 者：小森印刷（北京）有限公司
经　　销：全国新华书店
开　　本：154mm×230mm　　印　张：20　　字　数：256千字
版　　次：2023年10月第1版　　印　次：2023年10月第1次印刷
定　　价：129.00 元

产品编号：091376-01

过去的乡居生活

典藏版

唐桓臻　朱志强　著

清华大学出版社
北京

序

回望：人类文化的特性

在学术界，对于区别于动物的人类，重要的标志是人类拥有文化。而文化既有广义的，也有狭义的，我一直持有广义文化的概念，认为人类的文化包括了人类所有的创造。换言之，与人类生活息息相关的一切，不管是政治的、经济的，还是技术的、生活的，凡是打上人类烙印的，都归类于文化。因此，从发展的角度，人类文化不仅包括当下的，也包括历史的；不仅是中国的，也包括一切域外的。人类基于不同区域、不同时期的需要而创造的服务于生活的一切内容，形成了人类文化的多样性和差异性。这种多样性和差异性的文化，没有高低贵贱之分，没有先进落后之别，有的只是谁更适应当时的人类、适应当时的生活，被更多的人所认同。当然，人类文化中有价值观，之所以存在对差异性文化或者说是异文化的不认同、冲突，甚至意图毁灭，都是价值观引导或塑造造成的，是对文化的不宽容或不包容，当下世界和各种社会中存在的这种不宽容、不包容现象，比比皆是。因此，对于宽容和包容的文化价值观的教育，非常需要。而这种教育就包括呈现不同的文化形态，包括我们自己过去的多样的文化形态，从而让更多的人了解、理解甚至认同这种差异性、个性化，甚至可能归属于奇风异俗的文化的存在。乡居生活的各种生活图景，就是其中之一，它的价值自然不言而喻。

人类创造了文化，人类也脚踏实地，仰望星空，想象着不断探索未知，创造更丰富多样的文化。同时，人类还在不时地回望文化，这是人类的一大特性，是人类文化的一大特性。我们创造文化，我们书写文化，我们总结经验，我们也回望历史。因此，在文化学研究中，有一个特别经典的表达：文化是人类所创造的所有成就，同时，这些成就也是人类创造更丰富多样文化的动力。因为所有的文化都是在原有文化基础上的创造，绝不是凭空的无中生有——哪怕是类似于无中生有的创造，也是在汲取人类文化积累的知识基础之上完成的。回望不仅是对过去的了解，也是对未来方向的把握。

我在唐桓臻、朱志强的《过去的乡居生活》一书的序中曾说过："它（过去的乡居生活）展示的是一个地域、一个农耕地区民众的传统生产和生活方式，在现代化过程中远去，其精神又在现代化和现代生活中延续——它是背过身去的历史，是转过身来的现代或当下生活的本源。"本质上就是一种回望。如果说，官方的回望是历史记录，那么，中国民间的回望大致限于慎终追远的祖先崇拜，而今天，我们跳出了家庭、家族或宗族文化传统中的血缘性的内圈，跨入我们区域的、我们生活的更广阔视野：我们的回望不仅是我们血缘的由来，它更关乎我们对于现代化与当下生活，现代科技对于当下生活的一种思考，关乎我们文化的过去和现在。

《过去的乡居生活（典藏版）》首先是一个区域生活的记录，但它更是一个民族、一个时代、一种文化形态的记录，它的特色非常鲜明——

首先，生产生活、农时节令无所不包。它全方位地记录了以武义县为核心的传统农耕时代的三教九流的生活，涉及传统建筑、农事生产、农家饲养、行业匠作、岁时节令、店铺作坊等几十个方面，虽然重在一个县域，但同时也涉及浙中、甚至是浙江的其他区域，代表性更加突出，是旧时或过去生活的百科全书。

其次，图文并茂，以文彰图，以图呈文。朱志强是武义乃至浙江省著名的乡土题材类画家，长期从事相关的创作，而唐桓臻则是地方学者，出版过多部乡土文化的著作。因画而著文，因文而作画，是这一部著作与其他地方文化记录著作的鲜明差异。这些画和文，都融入记忆和真实生活，是在著者生活经历和调查基础上形成的，具有真实性和亲历性。从我个人认知的角度，每一幅画都值得收藏，每一个细节都是地方或区域生活的真实写照。

再次，语言文字通俗易懂，地方色彩鲜明突出。涉及内容的全面性、图画内容的全面性和叙事文字通俗性，非常准确又鲜明地突出了一地旧时生活的细节。如果你是亲历者，会深感亲切；如果你是后来者，会深感发展的差异；如果你是文化的他者，会深感异文化的丰富多样。这是一部值得阅读也值得拥有的著作。

最后，地方生活文化知识性强。生活是一部无字的书，地方生活更是一部特色鲜明、差异巨大、个性突出的无文字的书。它的细节差异，不仅在地方称谓，也在适应地方而形成的差异性的文化细节，迎大蜡烛、七夕接仙女、端午推龙舟、切糖、豆腐圆、结花等，似懂非懂，文字都明白，内容尤其是细节却让异文化者大感惊异。它不仅让你了解一地的独特文化，也让你增加很多地方生活文化的知识。其实，这些民俗活动不仅过去存在，当下依然还在延续，如果你来到武义，可以看到、品尝到这种文化或美食，赞叹一方水土养一方人。

《过去的乡居生活（典藏版）》是《过去的乡居生活》的扩展版，但准确地说，是一本涵盖了一个区域生活全景式内容的真实的、图文并茂呈现生活历史的书。如果说，我对于这本书有感情，是基于我也生于斯长于斯，我对它有着深深的沉入式的体验，但更重要的是，我对于生活作为一种传承的意义和价值有深深的理解。阅读时，我“常常饱含着泪水——当年熟悉的生活场景就像昨天一样在我眼前浮动，这也是我的祖辈、父辈的生活方式。在那片厚重的土地上已经传承了数千年甚至可能上万年。它的重复和延续，深深地烙进了我们传统的血液，成为我们文化的遗传基因。它与天地和谐相处，与自然和谐相处，与居住于斯的每一个村、每一个人和谐相处”。（《过去的乡居生活》序）因此，用过去或旧时，只是对于一些逝去或弱化了的生活的时间上形象的、口语化的、可以理解的历史化的描述，但实际上，在一个区域，在一代又一代人中，这种生活，从来都不是可以在时间上明确地进行分割或划分的，它渐进并不断地改变着、影响着我们的生活。过去的旧时的生活与当下的生活在本质上是延续的、不可分割的。因此，我们对于旧时生活的记录，其实是对于当下生活的一种回望，不管是物质还是精神层面的回望，都是一种人类的文化特性。尤其是在现代化不断向前推进，传统生产、生活方式渐行渐远的今天，特别具有意义和价值。

是为序。

浙江省民俗文化促进会会长

浙江师范大学二级教授

陈华文

目录

一 建筑篇

民居建筑 2

宗祠建筑 5

桥梁建筑 7

牌坊建筑 9

凉亭建筑 11

寺庙建筑 12

文昌阁建筑 14

建锅灶 15

营造水口 16

二 农事篇

耕作 20

浸谷种、播秧谷籽 22

种田 23

耘田 25

割稻 26

拾稻（麦）穗 26

晒谷 26

车水 28

叠稻秆蓬 29

打豆 30

采茶、制茶 30

采莲 32

种菜 33

剥麻 34

撮狗粪 35

三 饲养篇

养牛 38

养猪 39

养羊 42

养狗 43

养猫 43

养兔 44

养鸡 45

养鹅、养鸭 47

养蜂 48

养蚕 49

四　行业篇

做木　52
木雕　54
做泥水　55
做篾　56
箍桶　58
油漆　59
串棕　61
打石头　62
做裁缝　63
弹棉花　64
做砖瓦（烧窑）　65
造土纸　67
打铁　68
打金、打银、打锡　69
磨刀　71
钉秤　73
补碗　76
补铜壶、补锅　77
做陶器　78
做泥茶壶　79
制伞　81
染布　83
做行灯　84
船家　85
纤夫　85
撑船放排　87
拉黄包车　89
拔牙　90
榨糖　91
制竹交椅　93
鸡毛换糖　94
摆香烟摊　96
卖梨膏糖　97
卖油　98
剃头　99
修钟表　100
装卸工　101
算命　102

五　节令篇

春节　106
元宵节　118
端午节　120

七夕节　123
中元节　126
中秋节　127
重阳节　129
二十四节气　129

六　饮食篇

馄饨担　158
豆腐汤担　159
豆腐担　161
舂麻糍（麻糍担、卖麻糍片）　162
舂年糕　163
裹粽　164
炸油条　165
爆米花　166
切糖　167
结花　168
起糕干　169
炒货　170
烤麦饼　170
烤桶饼　171
做豆腐　173
豆腐圆　174
抽索面　175
酿米酒　177
腊八粥　178

七　家事篇

农家煮饭　182
砍柴、卖柴　183
吹火筒　184
烘火笼　185
站火桶　186
坐座车　186
打猎　187
捕鱼（鸬鹚抓鱼）　188
水碓舂米　192
腌火腿　192
踏裔菜　193
编草鞋　194
做布鞋　194
搓麻线　195
织布　196

织带 197

织毛衣 198

做木屐 199

刺绣 200

晒酱 202

赶市（赶集） 203

卖鱼花 204

洗衣裳 205

打绳 206

打拳 207

扭痧、刮痧 207

汤布 209

待客 210

猜拳 211

吸烟 212

修谱 213

祭祖 214

庙会 216

取龙祈雨 218

八 庆吉篇

相亲 222

合八字 223

定亲 224

送庚帖 224

挑上轿担（挑嫁子） 225

开脸 226

迎亲 228

拜堂成亲 230

请喜酒 231

闹洞房 232

回门 232

报生 234

抓周 234

贺寿 236

九 文娱篇

小人书摊 240

吹糖人 241

看西洋镜 242

打算盘 243

打陀螺 244

跳绳 245

打弹弓 245

放风筝 245

荡秋千 246

踢毽子 247

打弹子 248

滚铁环 249

打水漂 251

纸飞机 252

社戏 253

耍猴 254

演杂技 255

唱道情 257

座唱班 258

下象棋 259

斗牛 260

迎台阁 262

迎大蜡烛 264

赛龙舟 265

推端午船 266

迎龙灯 268

舞狮子 270

走马灯 271

踩高跷 272

浪街 273

十 店铺篇

酒店 276

茶馆 277

中药店 278

山货店 280

南货店 280

布店 281

酱菜店 282

当铺 283

馒头铺 285

酥饼铺 286

榨油坊 287

卖肉店 287

水果店 288

文具店 289

饭店 290

米行 292

裁缝店 293

刻字店 294

百货店 296

糕饼店 297

柴炭行 297

剃头店 298

香烛店 299

棺材店 300

跋

一 建筑篇

中国地大物博，建筑艺术源远流长。不同地域、不同民族的建筑风格各有差异，但其传统建筑的布局、空间、结构、建筑材料及装饰艺术等诸方面却有着许多相同的特点。古代有宫殿、佛塔、寺庙、道观、民居以及园林建筑等，其中的民居建筑，是人们赖以生存的物质基础之一。

古时候，受宗族关系的影响，大多村落以姓为伍，聚族而居；一姓一村，或一村数姓，划块集居。村落大多集中于当地某溪流两岸，山区则依山就势，缘山而建。每个村庄一般有公屋私宅、宗祠香火、池塘水井、村道弄堂、水碓磨坊等，配套齐全。

中国传统建筑讲究“风水”，讲究美观，讲究宜居。

在风水理念下，房屋建筑因势朝向，浙中一般认为，“坐西朝东阳光好，坐北朝南最暖和，靠山朝低看得远，靠坡朝田勤照料”。这就是要背靠高处，面向低处，背山面水。有句民谚叫“朝南屋，子孙万代都享福”，还有一句叫“衙门朝南开”，这就是说衙门要朝正南，但民居不能朝南太正。否则，风水过好，一般人家吃不消，反而会受害。因此，“坐西北，朝东南”才是民居建屋落基的经验之谈。

民居建筑

旧时民居建筑多为土木结构、砖木结构，其形式基本上为凹形两层楼的三合院或厅堂结构的四合院。大型的“四合院”建筑，相当于两个“四合院”相对合并，内院墙处添一排屋。“三合院”“四合院”山墙均垒马头墙，气势壮观。堂楼和厢房屋后建附屋，作为伙房、柴房、厕所和畜舍等用。

关于民居建筑，有许多饶有风趣的民俗风情。

建房，俗称“盖屋”，被视为千秋大业。俗信一户人家能否财丁两旺，家运亨通，与屋宇好坏直接有关，故盖屋各个阶段都须十分慎重。

选屋基　选择好屋基最为关键。一般要选在出门方便、背风向阳处，并多为坐北朝南。俗语说：“朝南屋，子孙万代都享福。”选择屋基时，一般要请风水先生，风水先生以户主生辰八字择课而定。

起工　开基，俗称起工。起工须选良辰吉日，旧俗起工前请风水先生定大门朝向，择时辰定起工日。起工之日，风水先生点香烛祭拜天地，在屋后正中五尺远楔朱砂牌，随即开挖墙脚基土。

开墙桶　传统建筑有的用泥土笃墙，有的用砖砌墙。墙脚砌好后，即择日筑墙，开始用泥土笃墙俗称“开墙桶”，开始用砖砌墙叫“叠砖”。开墙桶、叠砖忌哭，如碰上哭声，俗信房子造上去也要倒塌，所以开墙桶、叠砖一般都选在黎明时分。

上大门梁　大门梁两端底部压五色布条，门槛用铜钿（板）、白洋（银元）垫底（也有人家用生铁犁头放在门槛底，意为驱邪避讳，大门永固），摆香案、供品祭天地。俗称“千斤大门四两屋”。

竖柱上梁　墙筑至檐口时，即请风水先生择吉日竖柱上梁。内亲的青壮年在吉日前三天即来相帮，称为“捧屋柱”。吉日上梁时，栋梁之材从砍伐、搬运到制作，都不能着地。梁上要挂红纸或红布，中间挂竹篾筛、剪刀、镜，以及泥水匠的砖刀、木匠的墨斗、角尺等工具，两旁挂红、黄、蓝、绿、黑五色布，

选屋基

俗信皆为驱邪之物，有的地方还要挂一只活鸡，叫“长生鸡”，这只鸡要长期饲养起来，不能杀掉。梁下面贴一横幅“紫微拱照”，两旁的柱上贴一副对联“上梁巧遇紫微星；竖柱喜逢黄道日”。柱脚都垫上竹箬，表

竖柱上梁

示未落地。等时辰一到，即鸣炮、敲锣、抽去箬叶。上梁完毕，要再挂上几片瓦、四根椽木，然后杀一只白公鸡，把血淋在柱脚上，再由木工从屋顶上向下丢粽子（宣平一带还丢麻糍片），无论何人均可去抢，谓之“抢中”，俗信抢的人越多，运气越好。

喝竖屋酒 上梁后，午宴喝竖屋酒。竖屋酒由女婿担送，其他内亲送糯米或红包、黄豆，朋友则送画轴。所有画轴均挂在新屋墙上，朋友送的挂中堂，女婿“守门”挂在最后边。席桌上，也请朋友坐首桌。

归新屋 进新屋俗称归新屋。吉日良辰多择在黎明时候，先在老屋香火榜前供三牲祭祖，然后户主把一只装有草灰的新香炉或碗放在铺有红布的小桌上，同时放上烛台和香火榜文，从老香炉里拔三炷香插进新香炉，再把小桌抬轿一样抬到新屋，谓之分香火。男户主背木秤，女户主背笊篱，其他人可拿条凳跟进新屋，不能空手。进新屋后，即设香火，在新屋中堂楼上贴香火榜文，供三牲，合家跪拜，放火炮，然后吃甜糕，喝糖茶，意为从此生活甜美。白天即可搬家具，之后要在屋子里点灯，表示从今后有人居住了。归新屋时，亲戚朋友送对联、画轴、糕粽、面条、鸡蛋等礼物祝贺，户主则摆酒席宴请。

忌闰年乔迁归新屋。

归新屋

宗祠建筑

宗祠，即祠堂、宗庙、祖庙、祖祠，是专门存放家族亡故先辈牌位、举行家族内各种仪式或处理家族事务的建筑。

我国的宗祠制度产生于周代。上古时代，士大夫不敢建宗庙，因宗庙为天子专有。宋代朱熹提倡家族祠堂，每个家族建立一个奉祀高、曾、祖、祢四世神主的祠堂四龛。祠堂是族权与神权交织的中心，是我国儒家传统文化的独特象征。

祠堂的基本功能是祭祀祖先，以同姓血亲关系的延续为纽带，把整个家族成员联系起来，形成宗族内部的凝聚力和亲和力。祠堂代表着一个家族，蕴藏着一种质朴的精神动力。以同宗同族为代表的祠堂文化，是获得文化归属感与共享感的直接媒介。

祠堂建筑的选址、朝向、形式、布局，必须考虑家族兴旺与发达的直接元素和表现“天人合一”的理念，即选择风水宝地。

郭洞何氏宗祠

岭下汤汤氏特祠

人们把祠堂风水的好坏看作宗族兴衰的关键，所以新建祠堂选址十分讲究，一般要注意龙脉和生气来源，背山面水，明堂宽大、方正，水口关栏与左右互衬，四势匀和等。

祠堂建筑的组织和布局是有规制的，只是规模大小各有不同，但总体布局有共通之处，大体上可分为门前广场、照壁、大门、戏台、天井、拜堂、寝堂与辅助用房、围墙等几个部分。如果家族比较小，家族的经济实力又一般，祠堂的体量可以小一些，其结构为门前小广场、照壁、大门、戏台、天井、拜堂兼寝堂，以及辅助用房、围墙等。讲究一些的祠堂建筑青砖黛瓦，飞檐翘角，柱粗梁硕，雕梁画栋，磉盘柱础石雕精美，砖雕壁画修饰考究，俨然是一座艺术的殿堂。

有些祠堂大门前有泮池，即水池。泮池是采用过去学宫中礼仪性的设施，暗中希望自己家族有更多的子孙“进学”“入泮”，成为科举人才。

桥梁建筑

桥梁建筑，是道路交通建设的重要部分。

旧时，桥梁有石板拱桥、石板平桥、原石（卵石）拱门桥、石礅木板桥、木柱木板桥。

最简单的木板桥，以大松木打桥桩，五六根圆木劈成方，串在一起成桥板，往桥桩上一铺即成。

此外，溪流上还有一种用大石块钉成的简便通道，俗称“钉步”或“蹬步”，每步之间距离一尺五左右，洪水上涨时虽会被淹没，但水一退即可通行。即使被水冲毁，也建造简便，耗工少。

旧俗，造桥时要在桥墩面向上游方向的条石下埋藏两只铁蜈蚣，因蜈蚣在民间传说中为镇水辟邪之物，表达了“但愿桥长久”之祈祷和心愿。而船形桥墩的建造，则隐喻着“水涨船高”的意思。

郭洞回龙桥

武义熟溪桥

牌坊建筑

旧时，为了旌表孝子、节妇、烈女、义士以及功名较高、功德较大的人，经呈报旨令，可树牌坊，树特祠，树碑。宗族里出了上述人物，一般都要做牌匾，悬挂于祠堂褒扬，宗谱里要予以记事表彰或立传史册。寡妇坊用石板构成，不能骑路，倒后不能再修，落成之日须供三牲祭天地。据迷信传说，凡清白寡妇，牌坊上梁时榫易接，如有杂念，榫头则会落下。烈女坊也用石板构成，禁忌和仪式与寡妇坊相同。孝子坊用木头做成，可以骑路，年久倒塌后可以重修。俗话说："千年出孝子，万年出烈女。"百岁坊也用石板构砌，也可以骑路，须在寿庆之日落成。

节妇坊

武义洪家世“进士”牌坊

凉亭建筑

旧时肩挑步行，途中需有歇息之地，一般“五里一亭”，有路边亭、骑路亭、岭头亭、田畈亭等。

凉亭建筑，或募捐建造，或私人建造。有的凉亭还摆着茶水，免费供应过往行人解渴，俗称“施茶”；有的凉亭挂有草鞋和灯笼，来往过客若是鞋子破了可穿所挂之草鞋，若遇天黑看不见路，可点燃灯笼回家，一律免费。古时，不像现在到处有路灯，有民间灯会组织，设立夜灯，点燃菜油灯高悬在竹竿尖，远照行人。在油灯下方还挂有一盏已插好蜡烛的“行灯”，过路人遇黑夜赶路时，可拿去照明。

洪桥头桥亭

履坦郭婆亭

寺庙建筑

寺庙，是寺和庙的通称。寺庙是佛教建筑之一，其建筑与古代的宫殿建筑相似，具有鲜明的民族风格和民俗特色。汉传佛教的寺庙均是中式建筑风格，藏传佛教的寺庙多是汉藏融合的建筑风格。

寺，为会意字，即寸土之地。寺通“侍”（侍候）与“是”，古代为皇帝下面的最高一级办事机构（三卿九寺，如大理寺）。

庙，世间的达贤逝者，可依律建庙，如孔庙、二王庙等，皆是敬顺真如，仰止贤圣，即得妙法之地，庙通“妙”，故称庙。

所以，寺庙、祠堂皆是敬顺仰止、得妙法真如之地，敬顺即得妙法，当顶礼。寺庙庄严而神圣，不可侵犯。佛寺、道观的建筑原则与平面布局类似于宫殿建筑，只是规模较小，并且在装饰及室内摆设上带有各自的宗教色彩。

寺、观内建有对称的钟楼和鼓楼；佛寺在佛殿之前还建佛塔，供奉佛舍利，音译称为“浮屠”。中国工匠用汉式楼阁建筑的构架技术修成佛塔式样，称为汉式塔，有木塔、石塔、砖塔、铁塔等。

在民间，最普遍的是村庙，俗称“水口庙”，几乎每个村的水口都有小庙，庙中敬奉的佛、神各异。敬奉最多的是禹王，民间以为，治水英雄大禹，能为全村人带来风调雨顺，其他的有敬奉关公、胡公（胡则）、包公等。

城隍庙

禹王庙

文昌阁建筑

文昌阁，亦称文昌楼、魁星阁、奎阁、魁星楼等，是专门为祭祀传说中掌管文运功名之神，保一方文风昌盛而建造的传统祭祀建筑。

我国民间认为文昌帝君是上界掌管文章之神，因此很多的书院里面除了供奉孔子以外，还会供奉文昌帝君，其原因就是古人对文昌星的崇拜。

古代的儒生，在文庙祭孔的同时，也崇拜主宰文运诸神。但各地文昌阁内所祀神祇数目不一，也有同时修建祭祀文昌帝君的文昌阁和祭祀魁星的魁星阁的情况。

文昌阁多建在市井中心地带或地势较高处，一般为砖木结构楼阁式建筑，攒尖顶，二、三层居多，每层皆有檐面，四、六、八角不一。一层多为砖墙，开窗设大门；二层以上为木墙或木栅栏，可凭栏远眺。因此文昌阁除祭祀功能外，还成了当地文人雅士聚会的场所。

文昌阁

建锅灶

建锅灶（灶台，火灶），俗称“泥锅头”。旧俗认为锅灶是家中的主要建筑，所以过年时锅灶上要贴红纸，谓锅灶爷爷。锅灶爷爷榜文上书写“一家之主”。

建灶有旧灶翻新和建新灶之分，建新灶多系因迁居及分家而为。建分家灶，得从父母旧灶中抽取数块砖头，砌入新灶，以示香火相传之意，岳父母则要送礼相贺。无论翻新旧灶还是建新灶，都要请风水先生择吉日良辰，一般以户主的生辰八字择课而定。拆旧灶前要送“锅灶爷爷”，即灶神。新灶一定要当天建成，灶门忌朝东。新灶建成后，先用香烛接回“灶神”，然后及时蒸甜米糕，寓意日后全家日子过得甜甜美美，生活一年更比一年好。左右邻居见新灶出烟，可来祝贺，户主将甜糕分给贺喜人，谓闹灶，以图兴旺吉庆。

闰年忌建灶。

建锅灶

营造水口

水口，即村口。明代风水师缪希雍在《葬经翼》中有云："水口者，一方众水所总出处也。"因此，古人非常重视水口的建设，常常以种植大型乔木或建造人工构筑物，营造出功能多样、环境优美的村落入口环境。

水口的构成要素，主要是自然要素和人工要素。古人极为讲究对自然山水的观察与利用。传统村落往往选择在山环水绕、山明水秀的山谷之中，选址大多严格遵循中国传统风水理论中的"龙、穴、砂、水、向"这"地理五诀"。

古人将山川形势与宗族的兴旺与否做了对应联系，要求村落坐北朝南，背靠主龙脉生气的主山，水口处左右两侧是左辅右弼的砂石——青龙白虎，前有屈曲生情的水流环绕，或是带有吉祥色彩的弯月形水塘，水的对面近处要有对景案山，远处是朝山。

除了自然要素，往往还有一些人工构筑物与建筑物，一般以桥作为关锁，辅以亭、阁、塘、堰等建筑。水口处还大量种植树木，不仅可防风蓄水，还可与山水共同形成水口的围合之势，将村落建在山体的护佑之中。

郭洞水口

徐村水口

水口树多为樟树、枫树、槠树、榧树等，与溪流、池塘及凉亭、桥梁等融为一体，见树不见村，故有的地方俗称“风景树”。水口树是营造村口风水，让村庄藏风聚气，造福全村百姓的重要物体。为了保护水口，旧俗常认村口的某棵树为娘娘，某块岩石为公公，任何人不得破坏，逢年过节还要摆祭。

二 农事篇

我国是个农业大国，历来注重农业生产，百姓勤于耕种。在长期的生产实践中，创造了丰富的物质财富，也创造了灿烂的农耕文化。

所谓农业生产，就是种植农作物的生产活动。它包括粮、油、棉、麻、丝、菜、果、茶、糖、烟、药等多种农作物、经济作物的种植生产。又有具体的农事活动，如耕地、播种、施肥、田间管理（除草、喷农药防治病虫害、防寒、防冻、防旱、防涝、防倒伏、浇水、排灌）、收割、翻晒、贮藏等。

农业生产是广阔的露天工厂，受地理环境、季节气候等诸多条件的约束。在长期的农事生产活动中，人们因地制宜，不断总结经验教训，摸索出了许多符合作物生长特性、气候要求、管理要素、贮藏方法的生产规律，也形成了不少具有地域文化特色的乡风民俗。

耕作

水田耕作一般分为耕、耙、耖（chào）、耥（tāng）四道工序，俗统称为“耕田”。耕田，即用牛犁把头板田翻耕过来；耙田，即把耕田翻过来的成块泥土用耙耙细；耖田，即把成堆的土堆用耖耖平；耥田，即用“搪榛”或“耥耙”把耖平的田泥捣糊搪（耥）平。

春节后头一天耕田叫“开犁”，开犁日农活要安排得轻松，以讨全年轻松之彩。其夜，主人设酒以请耕者。有的给牛饮黄酒、喂豆饼，以示慰劳。旧时，俗信平时关耕牛的牛栏有“牛栏神”，耕者在开犁前要举行祭祀“牛栏神”和“拜犁”的仪式，以求一年耕作顺利。祭祀“牛栏神”要专备一块猪肉，煮熟装盆摆到牛栏里，点烛焚香烧纸钱，行祭祀礼。“拜犁”只要点三炷清香，朝犁拜三拜，然后烧三张纸钱，即可。

耕田

耙田

农作讲究精耕细作，头熟水田翻耕，要经“双犁双耙”。灌水后犁过耙细，谓头犁头耙，搁置数天，谓压田，以便使草子（紫云英）、杂草加速腐烂。然后耕第二遍，再耙细，谓双犁双耙。之后耖平耥糊，趁水浑即插秧，以便让泥土沉淀后能压住秧根。

耖田

耥田

拜犁

浸谷种、播秧谷籽

浸谷种、播秧谷籽，是水稻播种育秧的过程。

在浸谷种之前首先要晒谷种（参P26），浸种前一周，在晴天将种子晒6至8小时，然后将晒干的种子放在干燥阴凉的地方冷却，以促进种子的呼吸和酶的活性，提高种子的发芽率和发芽势。农村有立春过后，趁晴朗天气翻晒种子的传统习惯。晒谷种必须用地簟或托盘，有的在中间用三根筷子扎成“三角叉”，叉上置一碗水，谓可防鸟雀偷吃。

晒谷种之后，还要清洗谷种，在盐水中浸泡一会儿，借助盐水的浮力用笊篱把不成熟的瘪谷、杂物捞掉，然后将谷种放入三倍量加有种子消毒剂的水中。在水中浸泡至少24小时，取出，清洗消毒液后，让谷种催芽至露白。将催好芽的谷种放置常温下炼芽3至6小时即可播种。

旧时，俗话说“清明撒谷籽，立夏开秧门”。新中国成立以后，随着双季稻的推广，农事普遍提前，一般“早稻插秧不过谷雨关”。旧时普遍用水秧田育秧。农业合作化后，旱育秧、半旱秧田育秧技术得到推广。旧俗一般选晴天太阳下山时播秧谷籽，俗谚说“太阳下山不再走，谷粒下田不会漂”。同时，去播种的男人要把肚子吃饱，俗信人饱谷粒才会饱满。谷籽播种后，为防

浸谷种

播秧谷籽

止鸟兽和低温侵袭，秧田板上都会以竹条作拱，盖以尼龙薄膜，谓尼龙育秧。待秧苗转青后或气候较暖时，把尼龙薄膜掀掉。拔秧前二三天，要施一次肥，谓之“起身肥”。

种田

插秧，俗称“种田”。手工插秧时一手持秧把，并以拇指、食指、中指分秧，另一手持秧苗，用食指、中指齐根插入泥土中。冷僵田插秧用石膏粉沾秧根。有的田块面积较大又较方正，往往要求行、株种直，要请种田能手先种，不拉绳也能种得笔直；有的田块面积较小，形状又不规整，田塍弯度大，种田时一般沿田塍弯度而弯曲，俗称“趁田塍弯”。插秧后，有的随即“塞肥”（“塞秧根”，肥料用人尿、焦泥灰、鸡粪拌制而成），一可肥秧根，二可压秧根。

头一天插秧苗叫作“开秧门”。旧时开秧门这天早餐，每个种田人要吃两个鸡蛋，连看牛的小孩也有两个。也有的吃种田粿。插秧前需要先拔秧。早上起来，男人吃了稀饭下田拔秧，家妇在家做好种田粿，送到田头给种田人吃。午饭如果用豆腐当菜一定要煎过，不能吃白豆腐，俗曰“豆腐不煎，交界行不粘”。开秧门时，乡亲邻里见之都要下田帮助插上一阵，以示祝贺。其夜，主人摆酒相请，以示酬谢。此俗“集体化”后曾泯，落实生产责任制后又有延续。

插秧结束俗称“关秧门”，意为秧苗插完了，把“秧门”关了。此日，若有多余的秧苗，一部分插在田角，以备缺秧时补垦用。旧时，关秧门这一天主人要请一顿“牛饭”，请耕田师傅（“看牛小鬼”及种田师傅）一起用餐。

拔秧

插秧

耘田

耘田，俗称“滹（hū）田”，习惯用田耙（一根一丈多长的田耙竹，直径2至4厘米），在竹大头装上一个铁制的田耙箍，其直径因稻垦行距的宽窄而定。用田耙耘田，既能起泥拔草盖草的作用，又能使沉淀在稻行中的肥料通过田耙搅拌后被稻根吸收，不会损坏稻禾，且操作起来方便省力。

耘田一般有四遍。第一遍在插秧后七八天，施肥要塞在秧根下，俗称“塞拌”，冷僵田还要撒点石膏粉，对秧苗有催青作用。第二遍在第一遍耘田后十来天，耘前先拔去杂草，再撒石灰（俗称“煤灰”），耘后搁田。第三遍耘田用草木灰、菜饼，有的栏垺（猪栏肥）溜稻行，耘后烤田。此时正是水稻猛长时期，因此要集中用肥。第四遍用人粪尿。20世纪70年代末开始已不再用石膏粉和石灰，改施碳铵、尿素等化肥，现在土杂肥已基本无人再用。除草也已改用“除草剂”。

耘田

割稻

稻子成熟了收割，俗称“割稻”。古时，割稻用镰刀（俗称“梳剪”）。脱粒（俗称“打稻”），用稻闸（方形）或稻桶（圆形），稻闸（桶）内放一个稻闸梯，稻闸（桶）上半部分沿围一令稻闸（桶）簟成圆形，防止谷粒飞出稻闸（桶）外。稻谷满闸（桶）后，把稻闸（桶）里的稻谷去杂取谷、装在箩筐里（俗称“出谷”）。后来，用脚踏（或电动）打稻机脱粒，省力了很多。如今，用收割机割稻，更是又快又省力。

拾稻（麦）穗

收割稻子、麦子的时候，难免会有稻穗、麦穗掉在田里、地上，大人在收割时，带上小孩，拎个篮子，去捡拾掉下的稻穗、麦穗。捡拾回家的稻穗、麦穗，一般用以喂鸡，再给孩子吃鸡蛋，以为鼓励。让孩子捡拾稻穗、麦穗，不仅仅在于多收几颗粮食，更重要的是父母有心从小培养孩子爱劳动、爱粮食的传统美德。同时，农忙季节父母没有时间照看孩子，把孩子带在身边，可以保障孩子的安全。

晒谷

类似于浸谷种之前的晒谷种，稻谷收割后，要及时晒干扬净，以防霉烂。旧时，晒谷全部用竹编地簟，分为两道程序：第一道叫晒露水谷，俗称“晾（làng）谷”；第二道叫晒燥谷，即稻谷收割回家后，将地簟摊在晒场上，把稻谷摊在地簟上晒，晒至半干时筛去稻秆芒，然后堆在家里，再晾下一批露水谷。待露水谷全部晾完后，把半干的稻谷重新翻晒，直至晒干，最后用风车扬净即可。晾谷先堆放几天，一是为了使露水谷及时翻晒而不受霉烂；二是堆放几天后稻谷可以更加饱满。

割稻

拾稻穗

晒谷

车水

古时候，如遇天气干旱，就用木制水车车水引水灌溉，俗称“踏车”。

老式脚踏水车，是农业生产中引水灌溉的独特工具，由车架、车桶、车叶板组成。因为形状像龙骨，所以有的地方也叫龙骨水车。一人踏的叫“独龙车”，二人踏的叫“双龙车”，三人踏的叫“三龙车”，四人踏的叫“四龙车”。车桶上写有诗句，如“深山古木化成龙，一到池塘雨便通”，“东阳八面山，山有丽水归青田；兰溪七里龙，龙游汤溪出定海”等。

从水塘车水，先要敬塘神，即从池塘里车水前，首先要烧香点烛，敬拜塘神。用水车车水抗旱时，同一池塘几户农家分别车水，采用焚香计时。

山区山垄里的梯田，有的水塘在下层，位于上面高处的田，采取用多部水车踏车取水的办法。即先在下层坵田围一条水沟，在高处梯田摆一部水车，踏车从下层水沟取水；下层摆第二部水车，从再下层坵田的水沟车水，如此层层往上引。

自流出水的池塘不得用水车车水。自然流水大家有份：一人放水，归一人所有；几人放水，就由几人平分。

车水

叠稻秆蓬

水稻收割后，稻草（俗称“稻秆”）要及时晒干，主要用于牛饲料和垫牛栏。稻秆晒干后，一部分挑回家里贮藏，一部分叠成稻秆蓬，藏于野外。叠稻秆蓬，俗称“蓬稻秆”，多取大树干为柱子，也有立木为柱的。离地面数尺，草尖向里，根茬朝外，层层缘木叠置。叠成的稻草蓬形状讲究，有的像“胖肚花瓶”，有的像“滚圆柱础”，还有的像“长金瓜”。叠成稻秆蓬的稻秆，不怕风吹雨淋，用时方去拆之。拆稻秆蓬要从下而上，用多少，拆多少，下面的拆掉了，上面的完好如初，顶上不会漏水，不会倒塌。

叠稻草蓬

打豆

农家种豆成熟后，从地里连根拔起（俗称“豆柴”）挑回家，先在雨淋不到的屋檐下或通风处架起竹竿，把豆柴倒挂在竹竿上，过些日子后再打。这样做一能让豆粒更加饱满；二能缓和秋收冬种季节农活忙、劳力紧张的压力。也有的早晨或上午拔回，先摊在晒场上晒太阳，到傍晚或几天后豆柴干枯、豆荚开裂时再打。

打豆时，有的把豆柴摊在地上，用专备的工具“豆荚豁”或小木棍拍打，豆粒打下后把豆柴清理掉，再把豆粒中的杂物清除干净即可。有的则用稻桶或稻闸，像打稻一样打。

打豆

采茶、制茶

绿茶采摘制作是一项古老的传统技艺，广泛流传于江南地区。

传统绿茶的采摘季节不早，一般要在每年的“谷雨”前后。民间把谷雨前采摘的新茶叫“谷雨前茶”，其茶品相白扑扑、毛绒绒的，清香扑鼻，被视作珍贵之物。旧时茶丛不像现在剪得平平的，而是留条子，故所采茶叶叫“柳条茶”。

传统绿茶的采摘制作，全用手工采摘、置铁锅炒制，并用炭火烘焙。需要经过采摘、摊青、炒制杀青、揉捻搓条、炭火烘焙等多道工序。

其加工过程需要经过以下工序：

1. 采摘：一般在每年春分至谷雨之间采摘，采摘标准为单芽或一芽一叶。

2. 摊青：摊青厚度不超过3厘米，摊青时间4至12小时，至鲜叶柔软，清香显露。

3. 杀青：当炉温达到150至200℃时，投放鲜叶翻炒，达到“嫩叶老杀，老叶嫩杀”程度。

4. 炒制整形：其中整形分为理条（揉捻）、搓条，炒制搓条至茶条圆直，手感变硬，即可出茶。理条是“武阳春雨”成形的关键工序，接下去烘茶整理即完成制作。

5. 初烘：经炒制整形后，置于火上（或烘干机）烘干，烘至七八成干时取出，让茶梗与茶叶慢慢相互渗漉均匀。

6. 复烘：将经渗漉水分均匀的七八成干的茶叶重新置于火上烘，烘至九五成干时取出即可。

采茶

炒青制茶

7. 整理：手工将茶干中的老叶、茶梗去除，使茶干更加粗细均匀。

“武阳春雨”茶，采用独特的烘炒结合工艺，炒制整形是武阳春雨成形的关键工序，也是其茶艺特色。武阳春雨整形后细嫩、挺拔、显毫，滋味甘醇、鲜爽。

采莲

采莲是一种古代生产习俗。自古江南吴、楚、越之地，水道纵横，池塘遍布，多植莲藕。夏秋之际，少女多乘小舟出没莲荡中，轻歌互答，采摘莲子。文人词客往往将此情此景，写入赋、诗、词等抒情作品中。

浙中武义盛产“宣莲”。宣莲是全国三大名莲之一、清朝贡品，现为浙江省名优特产。宣莲因产于武义宣平一带，故名。由于其特殊的地理环境和气候条件，宣莲以色白芬芳、颗大粒圆、肉厚易酥、营养丰富而畅销国内外市场。每年七八月间，荷花盛开，莲子成熟，是赏荷采莲的极佳时节。

采莲

种菜

浙中农村，自古就有家家户户各自种菜的习俗。即便是集体化年代，也是村集体给每家每户划分了种菜的自留地。

普遍种的蔬菜主要有：油冬菜、高脚白、萝卜、三月青、菠菜、香菜、莴笋、芥菜，以及南瓜、冬瓜、丝瓜、黄瓜、蒲瓜（葫芦）、茄子、辣椒、四季豆等。近些年来蔬菜品种越来越多，山东大白菜、卷心菜、空心菜、花菜、雪菜、上海青、大葱、芹菜，等等，也不断从外地引种。

种菜

剥麻

自古，浙中民间就种苎麻（俗称“真麻”）的传统，用于搓麻线纳鞋底做鞋、搓纱线缝补、纺纱织布、打麻绳（索）捆扎当箩线。

苎麻是多年生宿根性作物，栽麻一次，可多年收益。每年可收头麻、二麻、三麻共三次。

农户家家户户在田头地角种的苎麻，面积不大，一般会直接在麻地剥麻，摘去麻叶，把麻秆靠根折断，剥下麻秆上的麻皮，取回家。用特制的麻刮（多用一块三角形的铁片制成，在尖角的一头装上木柄，有的则用竹片制成）刮去皮层的壳，留下的就是麻。然后，挂在竹竿上或摆放在墙头上晾晒，晒干即可。

所收的麻一般为自用。有的农户种的面积较大，一般将麻秆用刀割倒，成捆取回家在家剥。不能及时剥的，先整捆浸在水里待剥，剥下的麻皮照样用麻刮刮去皮层的壳，晒干。所产的麻除了自用就是出售。农村集体化生产时，有的地方生产队成片大面积种植苎麻，组织劳力把成熟的麻秆割倒，捆成捆，然后将它浸在水里。过些时日，水泡得麻皮脱离了麻秆，理起麻皮，洗干净，摊着晒干即成。所产麻干全部出售。

剥麻

在我的记忆中，小时候每逢剥麻季节，大人忙活，小孩们则特别开心。因为季节的统一性，常使家家户户同时剥麻。刮麻时大家喜欢凑在一起，边刮麻边说笑。听故事是孩子们最乐意的事，一听大人讲故事，孩子们便会聚集过来开心地听。

剥了麻的麻秆，雪白雪白的，孩子们在大人的指导下，用麻秆做起了“麻车钻”，这里钻钻，那里钻钻，真是开心的事！

撮狗粪

在20世纪50至70年代的农村，农民家家户户养猪，还养狗、养牛、养鸡鸭鹅。猪为圈养，猪的粪便连同垫猪圈的草料，俗称“栏坢”，生产队会按季组织劳力挨家挨户出栏坢，以百斤论工分计酬，挑到田里当肥料。上半年一般是在早稻田里“溜稻档”，下半年挑到苞萝田里摊苞萝。而狗和鸡鸭鹅是放养，一天到晚在外面跑，粪便满地拉；牛虽然是圈养和放养结合，但牵出去吃草或耕田，一路过去会拉下几大堆牛粪。于是，就会有老人左手拎着一只小畚箕，右手拿着一把小草扒，在村庄周围、路边角落把散落的粪便拾起来，人们把这称作“撮狗粪”。

撮起满畚箕的“狗粪”，有人会倒入生产队的田里当肥料，也有留作自家“自留地”当肥料的。

撮狗粪

三 饲养篇

农家自古就有饲养家畜家禽的习惯。饲养的家畜主要有牛、猪、羊、狗、猫、兔等，其中以养猪最为普遍；家禽主要有鸡、鹅、鸭，其中养鸡最为普遍。同时，农家还有种桑养蚕、养蜂取蜜的传统。

古时，看一个农村家庭妇女是否勤俭持家，往往以这个妇女是否饲猪养鸡作为一个重要准则。农家妇女每天早上起来，一边烧早餐，一边还要烧一大锅俗称“汾泔”的猪食；白天干农活回家吃饭，一边烧饭做菜，一边还要喂猪，所以农家妇女是最辛苦的。

养牛

农家养牛多为耕田犁地。山区以黄牛为主，平时一般早上直接放到山上吃草，傍晚赶回家里。平原地区以水牛居多，平时直接赶到溪滩草地吃草。冬天野外无青草，则在家喂食夏天储备下来的干稻草。农家视牛如同性命，宁肯人挨饿，不可牛受饥。

农忙季节，牛耕田很累，看牛者每天都要早早起床喂牛；春天，喂以从山上割来的嫩草，如嫩“芒秆”；冬天，喂以稻草。条件好一点的农户，体谅牛耕田辛苦，会给牛喂农家米酒、生鸡蛋之类的精料，以补充牛的营养。牛耕田与人同时休息，牛休息（俗称“歇軛”）时，必备青草喂食，谓歇軛草。

牛耕田有口令，叫牛起步为“呃”，向左为“牵”，向右为“头”，停息为“下”，吃草为“噎”。

养牛会专设牛栏，牛进栏后，要把牛绳绕在牛角上，黄牛绕角圈成圆形，水牛绕角交叉。据说如果绕错了，牛就会晕过去。

买牛一定要找“牛伢郎”。牛卖掉后，卖主还可以向买主讨牛绳钱，一般两元，卖主认为理所当然，买主也乐意支付，牛绳钱归看牛人。同时，留下旧绳换上新绳，以示换主，故民间有谚语“卖牛留根绳，做人为个名”。

养牛

耕牛一般不宰，老牛或病牛才宰。宰牛时主人要回避，牛眼必须用围裙蒙上，围观者要把手背在身后，俗信不如此要被牛责怪为“见死不救”。据说牛通人性，在被宰之前会伤心流泪，它看见人背着手像“绑”着一样，不是见死不救，就不会责怪人了。

放牛，俗称“看牛”。看牛的大人，叫“看牛侬”；看牛的小孩，叫“看牛小鬼”。

养猪

古时，浙中农村有家家户户养猪的习俗。养猪惯用猪栏圈养。做猪栏要选黄道吉日，俗信有一个叫“千禁杀日”的凶日，不可开挖猪栏基，不过后来有人把“千禁杀日”改为“千斤杀日”，能养千斤大肥猪，忌日反而变成了佳日。猪栏基挖至离地面1至2尺，用三合土摊平夯实，四周构以木栅。一些讲究的农户在猪栏四周用棕榈树做柱，栏顶用柴草铺盖。栏的大小视养猪多少而定。栏底用稻草或杂草铺垫，栏草湿了再加一层。等栏草垫满或农作物需要栏肥时，清理栏肥，挑出田畈当肥料，俗称“挑栏垟”。

春节，猪栏要贴红纸，内容是“猪大肥多”“日长夜大”“六畜兴旺”“栏头大发”“猪大如象”“养猪积肥”等吉利话，忌写“猪栏清洁”“栏头干净”的话，以避栏内养不起猪之忌。

旧时多养本地传统良种“两头乌”，这种猪皮薄、肉嫩、味鲜、腿小，宜作“金华火腿”。20世纪80年代起普遍饲养大白猪，这种猪容易养大养肥。

每年春季，多数农户上猪市购猪崽。猪小时喂些豆浆水、豆粉、苞萝粉，上半年主食草籽，下半年主食番薯叶、番薯、萝卜菜，煮熟吃，拌些米糠。装猪食有的用石头打的猪槽，有的用木头箍的猪槽桶。猪食都要倒在猪槽里让猪吃，每天三四餐。勤劳的妇女有做豆腐养猪娘的习惯，把豆腐渣和“酸浆水”作为上等的饲料养猪。现在猪食已普遍采用生吃，并配以一定的配合饲料。

养肉猪，要给猪做绝育手术，俗称“阉猪”。结扎出来的

“猪花”要一边口念“快长快大”，一边随手把它扔到屋檐背。

买来猪崽挑回家时，禁用石块作沉头，俗信石头不会化，作了沉头猪也养不大了。

俗信新买来的猪崽，要打开猪栅门，让它自己走入栏内，不能抓起猪从栏栅上面放入，否则，猪长大后会跳栏。新买来的猪崽入栏时，若栏内已养有毛猪，要先赶出来，让新买来的猪崽进栏后，再把原来的猪放回去，据说这样新老猪才会和睦相处。

宰杀毛猪要祭祀，家主用三张“利市”（亦作“利是”，即纸钱），让屠工（“杀猪老师”）洒上几滴猪血后焚烧，并点上三炷香，朝天三拜，口念“今生作猪，下世变人”，以示送猪上天。杀猪褪毛用的沸汤，要用吹火筒扛。沸汤倒入杀猪桶后，把吹火筒的下端浸入汤内，上端用口吹，沿汤桶吹一周。俗称这样吹过后，下次养猪长得更快更大些。猪日忌杀猪。

杀猪后，先割几斤颈部的肉（俗称“批红头肉”），用红头肉炒粉干给杀猪老师吃，也请会喝酒的杀猪老师喝点酒。然后把白肉挑到店里投售。肚里货（猪内脏）一律自家食用，不出售。白肉卖掉要留回部分

猪散福

肉，一块块地称好，每块加上一小块猪肝、一段大肠、一段小肠，贴上红纸条，分别送给嫡亲的亲戚；亲戚家杀猪时也同样送回来，俗称“送猪散福”。家里要把猪肉切成稍大片，加上肚里货、猪血煮上一锅，一碗一碗端给亲房叔伯，每户一碗，还要请叔伯长辈到家里吃一顿饭，叫作“吃猪散福”；亲房叔伯家杀猪也同样端来。不论是扛猪或杀猪，邻里都要主动相帮，俗称“扨猪脚”。杀猪，也有把肉片、猪头、肚里货全部上店的，俗称“杀捧”。“杀捧”或扛猪的情况，主人要烧一碗点心（索面一碗、鸡蛋一双），感谢帮忙的邻里。于是，便有了“亲戚篮对篮，邻舍碗对碗”的民谚。

过去粮食紧张的年代，一年难得养大一两头猪，杀猪显然是农家少有的喜事，因此每次杀猪都要以“吃猪散福”来庆贺一番。“吃猪散福”要把猪内脏中的猪肚和猪心肺留下，送给父母、岳父母吃。如果今年父母吃猪肚、岳父母吃猪心肺，明年就岳父母吃猪肚、父母吃猪心肺，意思是把猪中最好的东西孝敬父母、岳父母。这是浙中武义民间流传了千百年的孝亲美德，在乡村至今不变。

养羊

农村养羊为本地的山羊，饲养农户不多，以食野草为主，春、夏、秋三季采取放牧方法，让羊出栏上山吃草。养山羊多为食肉用，要办喜事的人家一般事先自养几头山羊，以供宴请。古时隆重祭奠中要以整头的猪和羊作祭品，俗称“全猪全羊”。

养羊

养狗

民间素有养狗的习惯，主要是为了看守门户，也有为了上山打猎而养狗的。旧俗以为狗是灵物，故忌吃狗肉，狗死了要葬之于地，堆土成坟。否则，谁若敢吃狗肉，俗信必被狗嗅出而咬死。新中国成立以后，此戒渐开，但煮狗肉不能上灶，要临时搭灶。

旧俗将狗作为“义兽”，所谓“牛忠、羊孝、马节、狗义”。旧俗不能当着主人的面打狗，否则，谓之“打狗欺主人”。

养狗

养猫

农家有爱猫的传统，养猫为捕捉老鼠，所以在所有的家畜中，猫最受优待，主人常要喂以猪油饭和鱼肉等。每当看到猫抓到老鼠时，不能扰乱它，还要说些鼓励的话。

猫买回家时，要先在桌脚上顺绕三圈，倒绕三圈，俗信从此猫就会认准这个属于它的家，不会逃走了。

民间禁止杀猫，因为猫捕老鼠有功。猫只可以老死、病死，也有误吃毒药、毒老鼠而死的。猫死了以后要用灯笼壳包起来放

养猫

进小竹篮里，高高挂在村外的乌桕树上，此俗至今仍然流行。究其原因：一说是猫肉特别鲜美，若是大家都要吃猫肉，猫就不易养了；二说是吃了猫肉会“满清水”，即得呕吐清水的病；三说是谁吃了猫肉，谁家就养不起猫；四说是猫死了后若是葬在土里，认为该地就会发大水，引起山洪暴发，造成灾害。

或许，这些都是民间保护“猫”的美好“谎言”。

养兔

“家有三只兔，不富也要富”是一句流传甚广的谚语。虽然这里所指的是家里“属兔”的人，但也不难看出“兔”在民间是祥瑞动物，人人都喜欢。

民间养兔历史久远，但旧时只养肉兔，且饲养量较小。20世纪80年代初，浙中武义一带从外地引进长毛兔饲养，饲养量迅速扩大，并且出现了专业养兔场，产生了不错的经济效益。于是，民间又有了“若要富，要养兔”的新谚语。

养兔

养鸡

鸡、鹅、鸭是旧时农家必养的家禽。

旧时农家养鸡，一般为放养，即早上打开鸡舍门，让鸡出来，先喂一餐糠饭（米糠加头天的剩饭）或玉米、谷。吃完让鸡随便跑出家门，在房前屋后觅食。傍晚，鸡自行回家后，再喂一餐食，鸡便会自行归舍休息。夏秋割稻季节，把鸡关在竹编的鸡笼里，挑到稻田里“捡稻粒”，即把鸡放到割完稻的稻田里，吃掉在田地里的稻谷。往往是大人割稻子，小孩捡稻穗、看鸡。

小鸡一般由自家养的母鸡孵化。有时母鸡不生蛋，食量减少，老是咕咕叫，常蹲在窝里，这是草鸡“赖孵”了。主人就把鸡蛋放进窝里，让赖孵鸡孵小鸡。也有向送上门的鸡贩子买小鸡的。买小鸡有禁忌，俗信忌问“买多少？”，否则鸡买回家会发鸡瘟。要讲少买多。小鸡买好后要讨“娘家米”，俗信只有带娘家米，小鸡才能宜其家室，得以长大。卖小鸡的人用的扁担一定要两头向上翘，其他样子的扁担都不可以用，旧俗认为直的扁担

会使鸡“直”去（死去），垂头的扁担会使鸡发瘟病（垂头的鸡，意为发瘟病），均犯禁忌。

俗称公鸡为雄鸡，母鸡为草鸡。农家养草鸡多为生鸡蛋，旧时农民买不起补品吃，常用鸡蛋补身体。小鸡长成所生的第一个蛋，叫作“头生蛋”，特别宝贵，俗信家有新媳妇或者闺女，吃了头生蛋可以“早生贵子”。早上丈夫出门干活，妻子在家烧好五更（早饭），用米粥汤泡个米汤蛋，让丈夫回来了补身子。鸡蛋还用来招待客人，家里来了客人，主人烧一碗索面或粉干，加两个鸡蛋让客人吃。嫡亲生日、做产也要送鸡蛋。

饲养雄鸡主要为了吃肉，过年过节杀只大雄鸡过节；农忙到来杀只大雄鸡补补身子；祭祀活动则需要全鸡当祭品。

养鸡

养鹅、养鸭

农家养鹅，品种为本地灰鹅，多为肉食鹅，肉质油而不腻，鲜嫩味美，营养丰富。一般能养到五六斤，大的可以养到十几斤。鹅饲料一般为米糠、青菜、萝卜和鲜嫩的野草，放养和圈养结合。清明、过年杀鹅，俗称“清明鹅”“过年鹅”。民间祭祀活动多用全鹅。

民间还有养鸭的习俗，养鸭以生蛋和吃肉为主。

鹅、鸭喜欢水，门前有小溪、水塘的地方，习惯把鹅、鸭赶到小溪、水塘里戏水觅食，捕捉小鱼小虾吃，鹅、鸭长得特别快，易养肥。

养鸭

养鹅

养蜂

旧时，农村有家养土蜂取蜂蜜的习俗，养土蜂用圆形的蜂桶，中间架以数根竹条，供蜂做窝，桶顶用棕片包。一般人家养2至3桶，蜂桶就放在自家房屋的楼窗上，蜂蜜主要是自家食用。也有以养蜂为业的，几百桶地养，用的是方形蜂桶，养的是“洋蜂”，一年四季流动东南西北各地，哪儿有花就往哪儿赶，取蜂蜜卖钱。

蜂蜜有较高的药用和营养价值，并且百病可吃。

养蜂

养蚕

养蚕是古代汉族劳动人民创造的重要技术。

相传，种桑养蚕源于黄帝的妻子嫘祖。家蚕的祖先是野蚕，野蚕形态上和家蚕几乎没有差别，而且与家蚕长大后能自然杂交繁殖后代。有一种称为“青白”的蚕种，据说就是由野蚕和家蚕杂交而来的。

先用纸垫在筛底，再把蚕放在筛子里，然后铺上桑叶。小蚕刚从卵里孵出来时，要特别小心地对待，用嫩桑叶喂养；换桑叶的时候要用很软的毛笔来移动它，要注意力度。桑叶要新鲜的，可以分早、晚两次采，采来的叶子会有一定的灰尘，洗净后一定要晾干，不然蚕吃了会拉肚子的，甚至死掉。有时桑叶太干燥，一不小心就会在换桑叶的过程中把小蚕留在要丢弃的桑叶上。蚕小的时候难养一点，长大些就好办了。等它要结茧子的时候，拿些麦秆子札成枝枝丫丫的形状把蚕放在上面就可以了。破茧后，把它们放在一个盒子里，它们会交尾，然后产卵。有时因为养的蚕少，破茧的时候蛾子会有落单的，但不用担心，只要有一对蚕成功，相信就够了。

养蚕

四 行业篇

人们生产、生活中的各种需求，以及其中需要掌握的技艺，不可能全部无师自通，更不可能由自己一个人来制作、获取。而必须有不同的分工，由不同的人来学习不同的生产技艺，从事专业生产。于是，就产生了人类不同的社会分工。社会分工的不同，成就了不同的生产行业和行业工匠人员。

在中国乡村，种地打粮可谓人人必须从小学会的谋生本领，否则就难以在这个社会上生存。但人也不是万能的，有许多的技艺不是人人能学会，也不是一个人能完成的。比如在人们生活中，需要有固定居住的房屋，建造房屋要有打石、做大木、做泥水等工匠；生活起居需要各种家具、木桶、碗盘缸钵、竹篮竹筐等器具；而穿衣戴帽等，就需要有做细木、箍桶、油漆、做陶瓷、竹编、棕编、缝纫等各种工匠。这些不同的工匠，其拜师学艺、请工方式、工酬计付、信仰禁忌，等等，各有所异，形成了各具特色的世故风情。

做木

木作俗称“做木”，木匠师傅俗称“做木老师”。做木又分做大木、做细木。从事盖屋（房屋建筑）、铺桥（木桥搭建）、农具（各种木制生产工具，如犁、耙、耖等）及大件制作为主的为做大木。从事精细家具制作，如雕花床、衣柜、桌、椅、木箱等制作为主的为做细木。

木匠尊鲁班先师为祖师爷。木匠使用的工具主要是斧头、铁锤、墨斗、角尺、锯（分粗锯、细锯、大锯、小锯）、凿（分宽凿、细凿、圆凿，凿的宽窄以“分”称之，如四分凿、八分凿等）、刨（分长刨、中刨、短刨）。

木匠的雇工方式一般有三种：一是供饭，即由主家请上门制作，主家负责供饭，按天数计付工钱；二是不供饭，即由主家请上门制作，主家不负责供饭，工匠回自家吃饭（但每天下午主家要供应一餐点心），按天数计付工钱，工钱略高于供饭，此类多为主家没时间烧饭，工匠为本村人；三是“包作”，即包工，双方约定每件家具的工时和工资额，然后计付工钱。

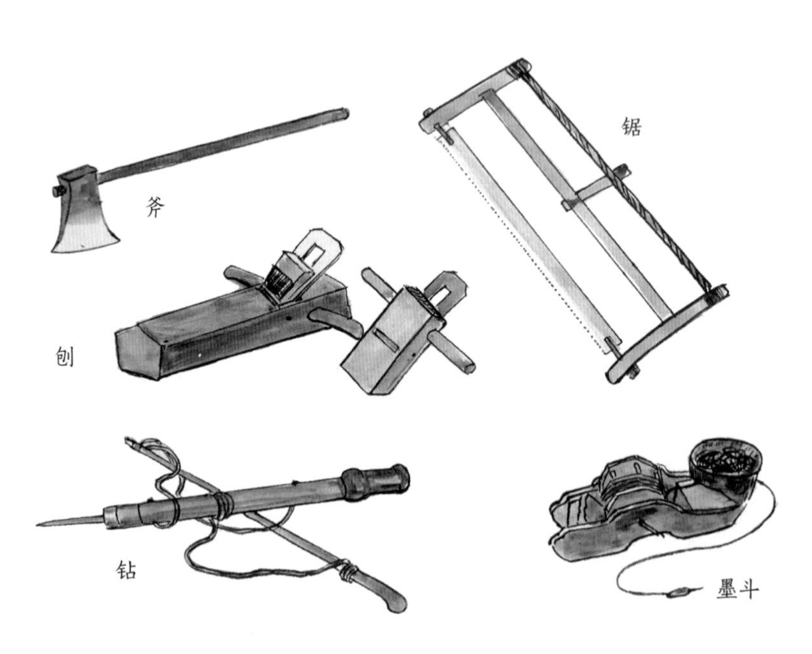

木匠工具

做大木

做细木

木雕

木雕是一门古老的造型艺术，历史十分悠久，唐代以来便有一些雕刻师傅为堂楼、庙宇以及富裕家庭雕刻、制作各种风格的具有实用价值和艺术特色的雕件。浙中木雕以“东阳木雕”最负盛名。

木雕主要用于建筑和家具、日用木器具等装饰。雕刻题材多样，有人物、山水、走兽、花鸟、虫鱼、瓜果。内容丰富，如福禄寿喜、松竹梅菊、兰花牡丹、凤凰锦鸡、狮象虎鹿、牛猪马羊、亭台楼阁、帝王将相、才子佳人、神佛仙道等，无所不有。人物大多取材于文学典故、戏剧故事，以及一些民间神话传说，构图布局严谨，雕刻层次分明。根据建筑物和家具器物的特点，百姓审美需求，采用不同的雕刻方法，如圆雕、浮雕、斗圆雕、镂空雕。一般宅院建筑物上楣、斗拱、插尾、梁锁部位，运用深雕刻出图案；门窗的堂板，锁腰，大肚板、天头等处以浅雕刻出花纹；窗格、栏杆、廊檐、牛腿则多用镂空雕表现。浙中木雕以浮雕最普遍，最具特色。圆雕多刻人物、动物等。

木雕

做泥水

做泥水，以房屋建筑为主，兼做灶台建筑、桥梁建筑、水利工程垒坝、道路工程砌坎、铺石以及坟墓建筑等。

泥水匠俗称“泥水老师”，其雇工形式与木匠、篾匠等相同——点工或包作。点工，俗称“点日”，即每干一天规定多少工资，以所干总天数计算工资。“点日”由主家负责供饭。包作，包括包工、包工包料两种。包工，即根据总工程量，约定工程所需工数，以工计酬；包工包料，即把工程所需工数与所需材料估算后约定总价，一统包给泥水匠，约定付款方式，工程完成后付清。包工或包工包料，主家不负责供饭。

泥水匠的主要工具为泥桶、砖刀、丈杆（长尺）、泥刮、线锤、水平尺等。古时，农村用泥土筑墙使用墙桶、墙锤。有的为泥水匠所备，每天使用时由主家适当付点报酬；有的为主家自备，或主家向他人借用。墙脚砌好后，即择日开墙桶。开墙桶忌哭，俗信如开墙桶碰上哭声，房子造了也要倒塌，所以开墙桶一般都在黎明时分。只要打好半桶墙即可。

做泥水

做篾

从事竹器加工，民间叫“做篾”，其工匠俗称“做篾老师”。

浙中山区竹资源丰富，利用毛竹制作各种生产工具和生活器具，历史极为久远。

浙中民间的竹制品多为将整株的毛竹劈成竹篾后编织而成的各种器具，故俗称“做篾”，而不叫“做竹”。篾匠的雇工与木工基本相同。

浙中地区的竹制品主要分为两大类，一是生产用品类，如箩筐、畚箕、菜篮、地簟、托盘、团箩、米筛、苞萝篓、番薯篓、鱼篓、壳箜等；二是生活用品类，如饭篮、蒸笼、食箩、嫁箜、船篮（洋篮）、果盒、火笼、竹扇子、篾席、门帘、金丝灯笼、竹箬帽等。

篾匠的主要工具为锯子、篾刀、刮刀、箭门、竹尺、篾替（钎）等。古时候为纯手工劈篾，20世纪60年代末至70年代初出现了“劈篾机”。

篾匠的工艺一般为取料（根据需要确定长短）、开竹片（根据需要确定宽窄）、劈篾（根据需要确定厚薄）、过箭门（统一宽窄），刮篾（特制的刮刀一端为平刀，刮之使其光滑；刮刀另一端有半圆、椭圆等凹槽，刮之使其成型且光滑）、编织等程序。生产类竹制品一般较粗糙，有的工序可省去。生活类竹制品比较精细、较费工时，尤其是用于礼仪的竹器，如食箩、船篮、果盒、嫁箜等，编有花纹图案、吉祥文字之类，极为精致。

俗信篾匠是“小鬼”出世。篾匠的祖师有两说，一说与木工同，是鲁班师，但其他工匠多不认可；二说是泰山，有篾匠自传，祖先泰山姓石，名敢当，民间用以驱邪镇妖的“泰山石敢当”石碑，即利用篾匠祖师神威之证。

箍桶

手工箍桶这一古老的工艺已有数千年的历史。古时候，木桶制品与人们的生活息息相关，家庭生活中的挑水桶、洗脸盆、洗脚桶、豆腐桶、饭甑、尿桶等都是用木头箍制的。在姑娘婚嫁的风俗中，娘家要箍制果子桶、洗脸盆、小水桶、马桶、大小浴桶等当作嫁妆，很多农村至今仍有使用。

箍桶材料一般采用树龄较长的老杉树之根部，不易变形、腐烂。

箍桶所用的工具有：手锯、斧头、小刨、大刨、圆刨、平凿、圆凿、铁锤、手车钻等。其工艺是先将木料根据需要取材，用斧头劈出每块木料的大体模样，再将一块块的木板用圆刨刨成小弧形，然后每块木板两侧打孔（一般每侧打三个孔），用竹梢钉拼接成圆桶形，最后进行内外磨光，加工底座或上盖，外桶打固紧箍等。

箍桶师傅俗称“箍桶老师”。拜师学艺，师徒传授，一般要学三年。箍桶师傅一般上门制作，主家供饭，按工计酬。

随着现代工业的进步和社会经济的发展，金属制品和塑料制品逐渐替代了箍桶制品，箍桶手艺逐渐萧条，有失传的可能。而近些年来因为人们对生态、环保以及绿色食品的崇尚，木制用具被重新青睐，一批年老箍桶匠又重操旧业。

箍桶

打钉孔

油漆

油漆俗称“做漆”，油漆师傅俗称“做漆老师”。

漆，作为一种古老的家具保护原料，对家具表面装饰，提高家具耐磨度，提升家具品位有着重要的作用。

古时，油漆均采用天然漆，俗称“真漆”“土漆”。真漆又有生漆、熟漆之分。

生漆含有低毒性，漆膜粗糙，生活当中很少直接使用，而是经过加工成熟漆或改性后油漆各种家具，阴干。因此所生成的漆膜光泽好，韧性强，稳定性高，且耐酸性能好。

民间使用真漆历史悠久。真漆能起到耐酸碱、防潮湿、防腐防蛀的作用，能使家具表面更美观雅致，如漆上朱红，就更具热烈和吉祥的效果。民间还讲究给棺木油漆，以便防水、防腐，深埋地下起保护作用。

真漆从获取原料到油漆可分两个重要环节：

其一，取材，将漆树上割下的生漆用细布滤渣，成为净生

漆，再将生桐油煎熬成熟桐油，即胚油。然后视净生漆的质量和熟桐油相配。一般比例为10：6即可。

其二，油漆后还要在漆器表面打磨光洁。用真漆和熟石膏粉加水做腻子，全面封闭和批补表面，干燥后再用砂纸打磨、除尘。最后在漆表面刷上自己喜欢的颜色，将真漆用短毛刷髹漆表面，先侧面后出面，充分氧化后再刷一次。保护两个月后更牢固且光泽夺目，打上一些蜡则更加雅致、耐用。

另外需要注意的是，真漆还会“叮人”（皮肤过敏，导致皮肤发红、发痒，但不留伤疤）。在漆家具现场，要避免人来人往。据说被漆“叮”了要七天才会好。

如今真漆油漆家具已逐渐被现代漆（化学漆）所代替，化学漆干得快、牢固得快，同时质量也在不断提高。真漆在市场上供应也逐渐减少，不过真漆的防酸碱和防腐性能是其他漆都难以比拟的。

油漆

串棕

浙中山区自古就有种植棕榈树，采天然棕片串蓑衣、串棕床板的习惯。棕匠俗称“串棕老师”。

旧时，蓑衣是农民雨天下田上山干活和出行必不可少的雨具。在浙中武义，棕棚早在明清时期就已是传统名产，但旧时只有生活条件好的家庭才有，一般平民只有木板作床板，根本用不起棕床板。20世纪七八十年代棕棚风行一时，成了家庭必有的家具。其采用优质“木荷”做框架，在框架四周钻二百二十多个洞眼后，选优质棕片抽取最长的棕丝，打成上等棕线，用编针编织，做工精细，一盆水泼上去数分钟内滴水不漏，坚固耐用，一百多斤的石头放到床面上也不会下陷。

主家串棕时，一般请棕匠上门制作，由主家供饭。一般一令蓑衣计六个工，一块棕棚计八至十二个工。

棕匠每天动工，要师傅先动手；若徒弟先动手，则被认为不懂规矩，会遭到师傅的指责。棕棚框架要取深山的“木荷”树，其他树木做框架被视为不吉利。棕棚洞孔规定要双数。

串棕

旧俗，棕匠的围裙禁洗，据说是怕生意被洗掉。在一户人家完工后，可带走一个“棕丝包”（用一片好棕片把棕毛脚料包起来带走），棕匠拿回家后可打棕绳等。有的主户则把棕毛脚料留下，请棕匠帮助打成棕绳当箩线，另包一个小红包给棕匠。

打石头

采石，民间俗称“打石头”；石匠，俗称“石头老师”；采石场，俗称“石宕”。

采石一般分为三类，第一类为采毛石，主要用于垒石坎，如垒墙脚、砌石坎筑路、砌石坎修水利等；第二类为采石料，采制石板、石柱、石梁、柱础、磉盘，用作桥梁建筑、宗祠、寺庙建筑、石牌坊、石栏杆等，而用于建筑上的石料往往雕以花纹图案作装饰；第三类多为凝灰岩、青石、花岗岩等，用于打磨各种石制器具，如石磨、石臼等。

传统打石工具一般为大锤、钢钎、手锤、石凿、铁制角尺、墨斗、风箱等。

打石头

做裁缝

做裁缝，俗称“做衣裳”，裁缝匠，俗称“衣裳老师”。

在诸手艺工匠中，裁缝自成一家，奉“轩辕”为祖师，量衣之尺谓轩辕尺，其长度介于市尺与鲁班尺之间，民间常讹传为“三原尺”。俗传裁缝的剪刀、尺与粉线包，系祖师传下的法宝，带在身边，则妖魔不敢近身，故裁缝师夜晚归家都带于身边，绝不轻易乱放。而旧时其他工匠则谓裁缝手艺为周武王的宫婢所传，低人一等。

旧时，在乡村需要做衣裳的家庭，一般是自己买好布料，请衣裳老师到家里做衣服。头一天晚上或当天一大早，把衣裳老师用的缝纫机等工具担挑到家里，等衣裳老师一到、吃过早餐，即可开工，给每个人量体裁衣。经济条件较好、人口又多的家庭，一般要做上三五天，甚至六七天的，几乎每人都要做一套。

裁缝老师上门加工，以工论价。

做裁缝

弹棉花

棉花，在浙中武义一带叫棉絮（棉胎）。弹棉花，浙中民间俗称“弹棉絮（弹棉胎）”。

旧时，农村有不少贫苦农民因生活所迫，学会弹棉花手艺，整年在外地进村入户，走街串巷，为人弹棉花。弹棉花是门很古老的工艺，其传承方式也是由师父带徒弟或父传子，所以很多弹棉花匠的手艺都是祖传的。

弹棉花工具有大木弓，以牛筋为弦；还有木槌、铲头、磨盘等。棉花去籽以后，再用弦弓来弹。弹时，用木槌频频击弦，使摊在木板上的棉花纤维渐趋疏松，然后由两人将棉絮的两面用棉纱纵横布成网状，以固定棉絮。棉纱布好后，用木制圆盘压磨，使之平贴、坚实、牢固。按民俗，所用的纱一般都用白色，但用作嫁妆的棉絮必须用红绿两色棉纱，以示吉利。过去用作女儿嫁妆的棉絮都是新棉所弹，自家盖的也有用旧棉重弹加工的。旧棉重弹，须先除掉表面的旧纱，然后卷成捆，用双手捧住，在满布钉头的铲头上撕松，再用弓弹。即便是年头久远的又硬又黑的棉

弹棉花

絮，一经重新弹制，又洁白柔软如新，很是神奇。

“黄檀榔头杉树梢，金鸡叫来雪花飘。”这是弹棉花工匠们对自己手艺的一种诠释，也是人们对他们的劳动最为形象的比喻。弹棉花不仅是体力活儿也是精细活儿，敲弓的时候要花大力气，而“布线”则是细致的工作，还要摆出精美的花样，要两个人配合才能完成。从弹、拼到牵线、磨平，看似简单，做起来也很费时间的，再熟练的手艺，一天也就能弹上一两条。

从20世纪末开始，弹棉花这个老手艺就已经慢慢地淡出了人们的视线。因为社会的发展进步，人们家里盖的，已经不仅仅是老式的棉絮棉胎，取而代之的是品种繁多、色彩斑斓的腈纶被、丝棉被，对于这些方便简单又暖和的新事物，大多数人还是认同的。弹棉花的手艺也慢慢地被机械化操作所代替。

做砖瓦（烧窑）

古时，建筑用的砖瓦均由当地建窑烧制，所以各地均有懂砖瓦制作、建窑烧制砖瓦的工匠。

砖瓦制作工具很简单，制砖只要一个砖闸（模子），做瓦只要一只瓦桶。烧砖瓦难度较大，需要有丰富的实践经验，不然的话，烧出来砖瓦要么不熟、硬度不够，要么太老、砖瓦缩坯变形。

旧俗，砖瓦窑建成后，要立“窑土地”，即在砖瓦铺内或窑窟一侧立土地公公的牌位。有的用石块或砖垒一个神座，神座上用红纸写“乌泥变宝玉，窑门出黄金”，并摆一个香炉用以焚香，然后摆上豆腐、肉、糕点、酒等祭品用以祭祀。入窑也要择吉日，俗称“进财日子”。入窑前还要以酒、菜供奉窑土地公公。入窑时忌过路妇女进窑铺。入窑后，由窑铺集体开支或由窑工、砍柴工自己出钱会餐。会餐时喜吃猪头，忌吃猪脚，俗信吃了猪脚炭头会多，烧不好窑。这叫作“做窑福”。在烧窑过程

中，如果听到虎啸声或老虎从邻近路过，被视为大吉大利。熄火后，由窑头师傅封闭窑门，这时大家要讲“这窑货好”“上等品”等吉利话。出窑时要祭祀土地公公，然后由砍柴工开第一块窑门砖。如果砖瓦质量好，大家笑颜相告；若质量不好，则说：“漏水了。”

做砖

做瓦

烧窑

造土纸

浙中山区素有利用毛竹造纸的习俗，纸质为土纸，呈土黄色，俗称“利市”（利是）。每年夏初，将当年生的嫩毛竹（俗称“竹麻”）连根砍下，截取约120厘米长，劈成竹片浸于石灰池（俗称“纸塘”）中腌一段时间。之后洗去石灰（俗称“洗竹麻”），滤水至发霉后剥去竹青皮（俗称“剥料”），然后放入水碓石臼中捣碎（俗称“舂料”），取出放进专用池中搅拌（俗称“打浆”），再用竹簾（俗称“纸簾”）捞纸，之后滤水剥开，送到焙笼烘干（俗称“晒纸”），然后剥开即成。即整个工序为：砍竹麻—劈竹麻—腌竹麻—剥料—舂料—打浆—捞纸—剥纸—晒纸—锯纸—打捆—上市。

造纸

打铁

打制铁器，俗称“打铁”。铁匠，俗称“打铁老师”。

古代铁器主要有三类，即兵器、生产工具、生活器具。兵器有剑、簇、矛、大刀、飞镖等；生产工具有斧头、锄头、柴刀、铁凿、刨铁、鱼叉、镰刀及铸铁类的犁头、耙齿、耖齿及铁锤等；生活器具有菜刀、剪刀等。

旧时，打铁业十分兴盛。铁匠有的定点开铁铺，俗称“打铁店”，农户需要时上店订制；有的流动到各村临时设立打铁点，农户到打铁点订制。农家主要铁器有锄头、柴刀、菜刀、剪刀等器具。铁匠按件计酬。

打铁师傅必不可少的工具有风炉（锻炉，炉堂较深，以便制作各式铁器，底部为炉栅，旁设风管，外接木风箱），铁墩（供放置坯料锻打之用），还有大锤、二锤、手锤。

随着现代科技的发展，打铁行业发生了大幅萎缩，机械化和流水线生产替代了手工作坊。

打铁

打金、打银、打锡

打金、打银、打锡，即打制金器、银器、锡器。旧时，金、银、锡匠或开店铺加工制作金、银、锡器，或在民间流动游走上门，加工制作金、银、锡器。其工匠尤以永康人为多。

金、银器以饰品为主，即以金、银为材质，加工成各种饰品，如金戒指、金项链、金手镯、金耳环、金钗、金挖耳，银戒指、银项锁、银手镯、银脚镯、银耳环、银挖耳、长命锁，以及小孩帽上的银质动物图案的饰品。

打锡，俗称“打镴”，锡制品以生活器具为主，如锡茶壶、锡酒壶、锡糖罐、锡茶罐、锡烛台等。

打金

打银

打锡

磨刀

“磨剪子嘞，抢菜刀……”这抑扬顿挫似唱歌一般的吆喝声，出自肩上扛着一条板凳走街串巷的磨刀匠，在老一辈人的脑海里是一段抹不去的记忆。

磨刀匠曾经风靡一时，尤其是20世纪60至80年代，磨刀生意相当红火。如今，时过境迁，磨刀匠渐渐从我们的视野中消失了。这种老行当也面临着失传的尴尬，成了人们渐行渐远的记忆。

我小时候见得最多的磨刀师傅是永康人。那时候在乡下，三天两头可见磨刀师傅进村来，“磨剪子嘞，抢菜刀……”边走边吆喝。在村里转悠了一圈，然后在村中心位置的“明堂”停下，摆出磨刀工具。如果下雨天就摆在“阶沿头”等雨淋不到的地方。乡亲们听到磨刀师傅的吆喝声，拿着菜刀、剪刀聚过来。东家剪，西家刀，你家两把，我家三件，一下子摆了一大堆。磨菜刀、剪刀的价钱一般是固定的，但一家磨的件数多可以适当优惠。经过一番“讨价还价”，磨刀师傅收下刀，乡亲们先各自回家烧饭、忙活，过阵子再过来取刀、付钱，常有小孩子围着师傅看磨刀。

磨刀的工具很简单，一条长凳，粗细各一块磨刀石，一个装水的小铁桶，一把抢刀刃用的斩子就是全部。磨刀师傅在开磨前，一般都要先看清刀钝的部位及程度，用他的话讲，就是刀刃线。如果是刀口过厚、钝的程度比较高的刀，要用斩子先铲掉一层，然后把粗细两块磨刀石固定后，浇上一些水，先在粗的磨刀石上粗磨，再在细的磨刀石上细整。每磨几下，就看一下刀刃的厚薄和锋利程度，不断观察刀刃线，最终磨至刀面光亮后，会用手轻摸一下。有的老师傅还拿起刀在自己的小腿上削两下，真正的快刀是能削断腿毛的。十来分钟，一把刀磨好了，旧刀变得与新刀一样。

有位姓吕的磨刀老师傅曾经告诉我，磨刀看似粗活，但是粗中有细，使力的同时更要注意收力。这是老师傅一辈子的经验之谈。

磨刀

小时候，我们村经常会有来自永康的钉秤师徒两人，肩挑钉秤工具和材料，上门来钉秤。

我国自唐宋以来，通行十六两为一斤，因此，杆秤都钉制为十六两，俗称“十六两秤”，半斤则为八两。杆秤的秤砣，最初用石头凿制，后来大都是铁铸的。富有的商行店铺还在铁秤砣上铸上自己的商号。

杆秤从形态上分，可分为“钩秤”（在秤头上装一个铁钩，俗称“秤钩”，一钩东西就可以称）、“盘秤”（秤钩处悬挂一个盘子，古时候的盘子多用藤条编成，故俗称“藤盘秤”，多为市场商贩使用）、“戥秤”（称量少量贵重金属或药材的微型杆秤，秤钩处悬挂一个小小的铜盘，广泛应用于中药房，其称量精确，制作技术要求很高）三种。民间最普遍使用的是钩秤。钩秤由秤杆、秤钩、提纽（一般为双提纽）和秤砣组成。按其称量多

用秤称重

少分为大秤、中秤、小秤三种。大秤一般称重50千克以上，杆长1.5至2米；中秤的称量30至50千克，杆长90至120厘米；小秤的称量15千克以下，杆长60至80厘米。

钉秤是一门精细的手艺，更是一门讲良心的劳动。从选材、刨圆，到用碱水浸泡、打磨、钉秤花等各道工序，容不得半点马虎——稍有不慎，秤就会有偏差。

取秤杆：秤杆要选择纹路细腻而且木质坚硬的木杆，大多选柞栎木、红木等上等的材料。秤杆木料必须充分干燥方可使用，否则会影响日后木秤使用时的精确度。木料先要锯成方形，然后用刨刀将杆身刨圆，用碱水浸泡后再晾放几天。等到杆身发黑后，再用磨刀石打磨。等再度晾干后，开始在秤杆的头尾包上铜皮，至此，杆秤才成雏形。

钉秤花：钉秤花很讲究，因为秤的规格国家有统一规定。钉秤师傅需懂得物理、数学知识，否则定刻度时会非常费力。打磨好的秤杆挂上秤盘后定支点，用砝码校验，这是一道极为精细的工序。当木杆处于平衡时，再用双

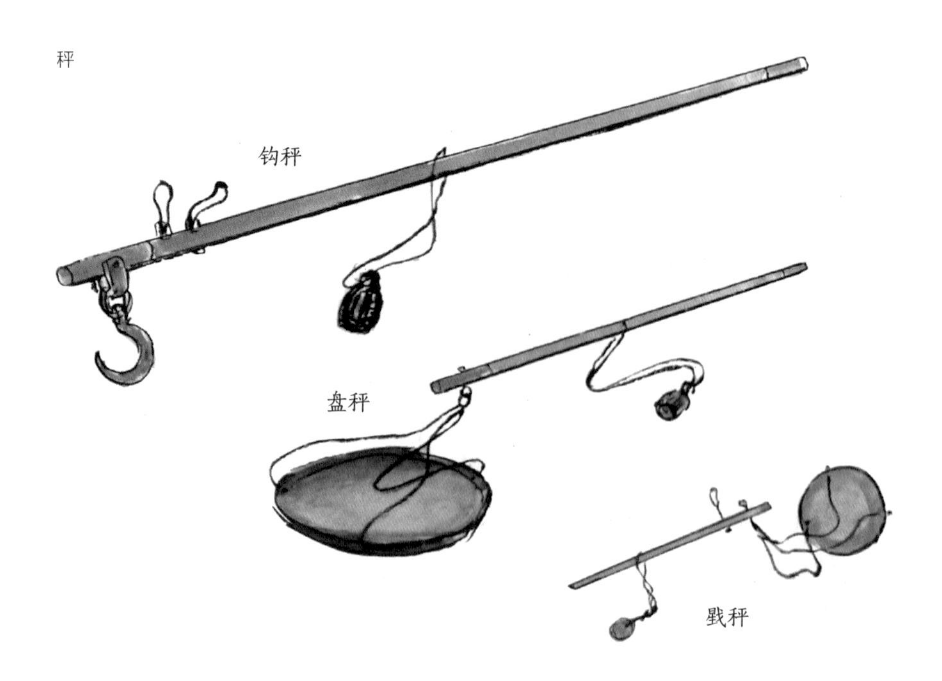

秤

脚规在木杆背面划一道印记，这道印记就叫定盘星，其余便按此推断重量，一一刻下记号。然后再在那些标记过的地方，耐心细致地下针和钉秤花。

上色：这是钉杆秤的最后一道程序，秤的颜色完全凭客户的喜好来确定。

杆秤因与日常生活紧密接触，是生活中不可缺少的帮手。民间把钉秤作为吉利而慎重的事情，钉秤师傅被尊称为“钉秤官”。钉秤师傅上门钉秤时，都在主人家包吃包住。人们也与杆秤结下了深深的情缘，不仅把杆秤作为日常称量的器具，而且作为一种吉祥之物，称之为“当家财神”，寓意“有秤当家，家财兴发”。因此，在浙中民间，家家户户都有置办杆秤的习俗。一般人家置办小秤，富有人家或商贾之家则同时置办大小秤。建屋上梁时，要将秤砣悬挂在梁上，取“称心如意”之意。新屋落成乔迁之时，首先要搬入杆秤，接着是扫帚畚斗，最后才是家具被褥。每逢过年，人们都要将红纸卷贴于杆秤的头上，祈祷财气兴旺。长辈们还要教儿孙从小认识秤花，认为“不识秤花，难以当家”。

钉秤

杆秤由于灵巧方便，一直沿用了两千多年，但随着时代的进步和科学的发达，杆秤已经逐步被台秤、托盘秤、电子秤所取代。但杆秤作为一种权衡文化，已深深扎根在人们的内心深处，并时时“钩”起我们对往昔生活的回忆。

补碗

补碗，对今天的年轻人来说，也许不可思议。但在过去，家里的碗破了，都会请补碗师傅补好后继续使用。

虽然一只碗的价格并不贵，但补碗的几分钱要比买一只新碗便宜得多。因此，“补碗”也就成了一种谋生的职业。补碗师傅用的金刚钻，形似一把弯弓，钻头装在中间，如同一支待发的箭。钻头在一根绕着的绳索的牵引下，“吱咕吱咕”急速地转动，锋利尖硬的钻头在破裂的碗片边缘钻出几只小孔。然后，在两片破开的瓷片和钻好的孔里涂上黏胶，再将形似当今钉书针的骑缝针钉入孔里，破碗就“重圆”了。

补碗

补碗师傅也兼补瓦缸，只是“规模”大些——金刚钻的钻头要大，骑缝针也要大，修补方法与补碗相同。

补铜壶、补锅

铁锅是旧时家家必不可少的饮具，铜壶则是每户不可或缺的烧水器具。长年使用，锅和壶都会破漏损坏。那时人们生活并不富裕，不能经常买新的，因此，以补铜壶、补锅为主的修补行业便应运而生。

随着“补铜壶补锅噢！补铜壶补锅噢！”的叫声在大街小巷响起。肩挑工具担的永康修补匠出现了，担子一头是风箱、小凳和木炭、坩埚，另一头是修补材料箱，多格小抽屉里装有碎铁、小铜片及工具。他们边走边吆喝，揽到生意后，便放下担子，生火拉风箱。炉上支起坩锅，内放碎铁，不时往炉里加木炭，待铁熔化后，将锅倒扣、刮去锅灰，处理烂锈，用钳夹小勺舀一点铁水，趁热倒在垫有草灰湿布的锅洞上，并迅速用团布挤压，只听“哧——”的

补铜壶、补锅

一声，一团水蒸气腾空而起，锅洞补好了。修补匠把破壶在铁墩上敲敲打打，按破洞大小剪好铜片，经扣边、敲平、烙铁沾锡焊接、打磨、试水便完工了。修补匠常年在外流动，风餐露宿，手黑茧厚耐高温，两鬓苍苍满脸灰。

如今，人们生活条件好了，破旧锅、壶往废品收购小贩车上一扔，再买个新的。修补行业逐渐消亡，但那方便百姓、吃苦耐劳、技艺精湛的修补匠的影子却牢牢留在人们的记忆中。

做陶器

从事陶器制作，俗称“做陶器”。

陶器，规格多样，种类繁多，主要有日用陶器、建筑陶器等，它不仅是人们生活的必需品，还具有较高的艺术欣赏价值。

浙中是陶瓷手工艺制作的发源地和主要生产地。拥有得天独厚的陶土资源和勤劳智慧的民间艺人。陶器的制作技法有捏塑法、贴敷法和泥条盘筑法等，后来又发明了轮制成形的制陶技术，借助称为陶车的简单机械制造出造型优美的陶坯。制坯过程比较复杂，选用纯净而细腻的粘土为原料，大体需要经过取陶土、练土、拉坯、晾晒、修整、压光、绘画、雕刻、窑烧等十多道手工工序，25天左右才能制作完成。

做陶器

陶制品主要有酒坛、水缸、米坛、咸菜坛、花钵、砂锅等，还有陶制工艺品，如陶俑、民间乐器、花色陶罐等。制陶工艺融实用性、观赏性、工艺性为一体，体现了民间制陶手工艺的创造能力和表现能力。

做泥茶壶

过去，浙中农村的老百姓最喜欢用的茶壶，是一种价廉物美的普通泥制茶壶。它通体乌黑，壶身圆滚，状如西瓜，故亦称之为“西瓜壶”。

泥茶壶属黑陶，选用优质黏土烧制，不上釉，经800至1000度的窑温，连续烧十四五个小时而成。胎质自然，壶身遍布无数的细微毛孔，装在其中的茶水通过这些细孔不断向外蒸发，带走热量，降低壶内水温。因此，用泥茶壶装茶水要比用其他茶壶装茶水凉得快，夏天用起来就更凉爽。古老而又普通的泥茶壶，体现的正是当今社会所倡导的科学、环保、低碳的理念。

泥茶壶的制作，要经过黏土采集、去除砂砾杂质、练土、拉坯成型、装饰、安装部件（手柄、壶嘴等）、晾干、入窑烧制等多道复杂的工序，技术要求高，费时又费力。

多年前，在浙中乡间经常可见卖泥茶壶的商贩，他们或用手推车载着，或用长长的扁担挑着数十只到上百只泥茶壶，走村串户。听到“卖泥茶壶喽……卖泥茶壶喽……”悠长的叫卖声，乡亲们立即围拢过来问价挑选……

武义县王宅镇孙里坞村五仙亭自然村，是武义县及周边地区仅存的泥茶壶产地，至今还有一个断断续续开工的泥茶壶作坊和三位吴姓泥茶壶技艺传人。他们烧制的泥茶壶，行销本县及周边县市。

五仙亭这家手工制作泥茶壶的吴氏世家，祖祖辈辈以烧制泥茶壶为业。吴氏祖先是湖北大冶县人，吴著镗在清道光年间迁居

此地。祖先带来制泥茶壶的手艺，至今已传五代，据传现有烧泥壶的窑就是其高曾祖留下来的，已有一百六十多年历史。吴万成兄弟六人及几位堂兄弟，从小就跟着父辈学了这门手艺。如今还在坚持这门老手艺的，只剩下吴万成、吴万能兄弟俩和堂弟吴万起三人。年近古稀的吴万成，十几岁跟父亲学习泥茶壶制作，在这一行已干了四十多年。

随着现代工业的发展，瓷茶壶、玻璃茶壶、搪瓷茶壶、不锈钢茶壶等，各种不同材质、时尚美观的茶壶相继出现，加之冰箱等制冷家电的普及，古老而朴素的泥茶壶逐渐淡出了人们的视野，手工制作泥茶壶的技艺也濒临失传。

近几年来武义的外地游客越来越多，游客们经常驱车路过村口。看到商机的吴万能就在公路边摆了个专卖泥茶壶的小摊，当是实物广告。有很多游客路过五仙亭看到泥茶壶，都会停下车到作坊里来看新奇，有的看了喜欢也会买一两把回去。吴万能优化制作方式和工艺，重点在泥茶壶器型上下功夫，将泥茶壶造型、大小仿制成紫砂壶的器型、大小，把壶面磨光，既保持泥茶壶的特性，又兼具紫砂壶的外观。还根据市场的需

做泥茶壶

要，打破多年来单一做泥茶壶的传统，试着把做泥茶壶的泥块做成筷子筒、酒壶、茶杯，甚至花盆、炭烧炉等，与上百只大小不一的泥茶壶放在一间房子里展示。游客们看到这些既朴实又精制的泥制器具，常常爱不释手。

制伞

制伞，俗称“做伞”，包括修伞。

我小时候在农村，就看见过伞匠挑着担子边走边吆喝地进村来。担子一头是三个抽屉的木箱，装着做伞、修伞的工具；另一头则是一个箩筐，盛了各式各样的伞骨架，以及用塑料纸裹着的一捆伞纸，一小桶桐油。听闻吆喝声，乡亲们便从家里拎出残破的油纸伞、黑布伞，请伞匠打个补丁，黏合线缝，或是拆换骨架，乃至整把伞绷纸涂油。也有新伞，价格绝对比到店里买便宜。

后来我进城工作，在工作单位所在小巷的巷口有个修伞的小摊，一张可折合的小方桌，上面摆满了修伞的工具：尖嘴钳（尖嘴钢丝钳）、老虎钳（平嘴钢丝钳）、铁锤、剪刀、钢锉、成卷的铁丝，还有两个装了针线小件的锈铁盒。桌子上方有根横拉过巷口的铁丝，挂了一块木牌，上面写着两个毛笔字“修伞”。这修伞小摊的主人，是个瘦瘦的老头，大家都亲切地叫他“老李爷爷”。

民间传说，伞是鲁班师的妻子发明的。早在春秋时期，木匠鲁班师的妻子见丈夫常年在外奔波，遇到下雨天很不方便，便想做一种能遮雨的工具。她将毛竹劈开、剖成细条，模仿盖屋造亭的做法，把竹条串连成“八角亭”的样子，然后蒙上兽皮，做了一个如“八角亭”的样子，张开若盖，收拢如棍。后来，人们见其方便实用，便开始模仿传开了。在造纸术发明前没有纸的年代，伞面多用丝绸绷制。到了宋朝以后，逐渐有了皮纸伞、油纸伞、布伞。

伞在历史的风雨中，不断变化与改进，其功用也在不断地延伸扩展，除了遮雨和防晒外，还可防紫外线、抗辐射、装饰环境。

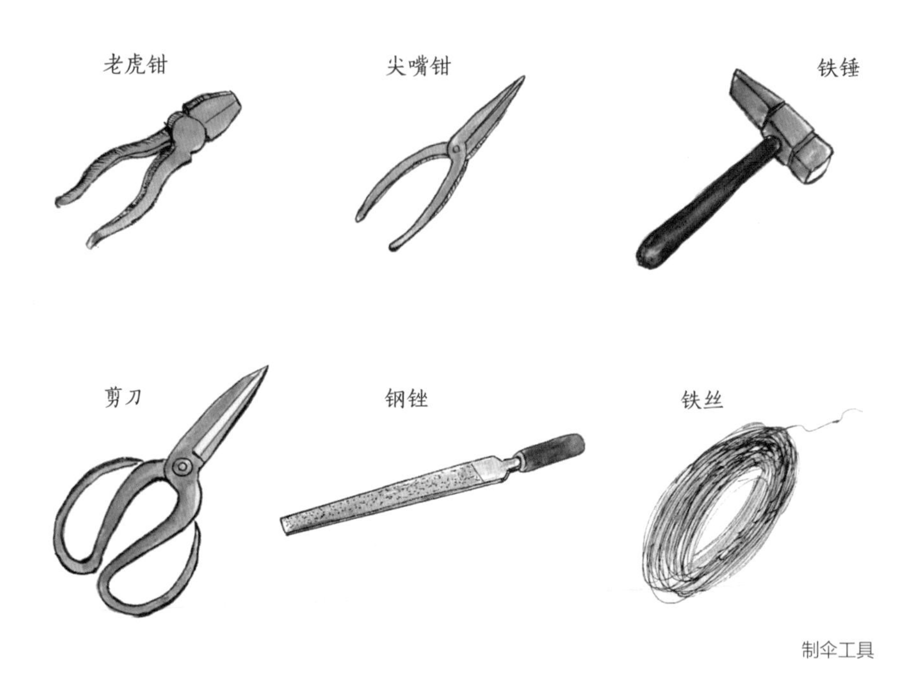

制伞工具

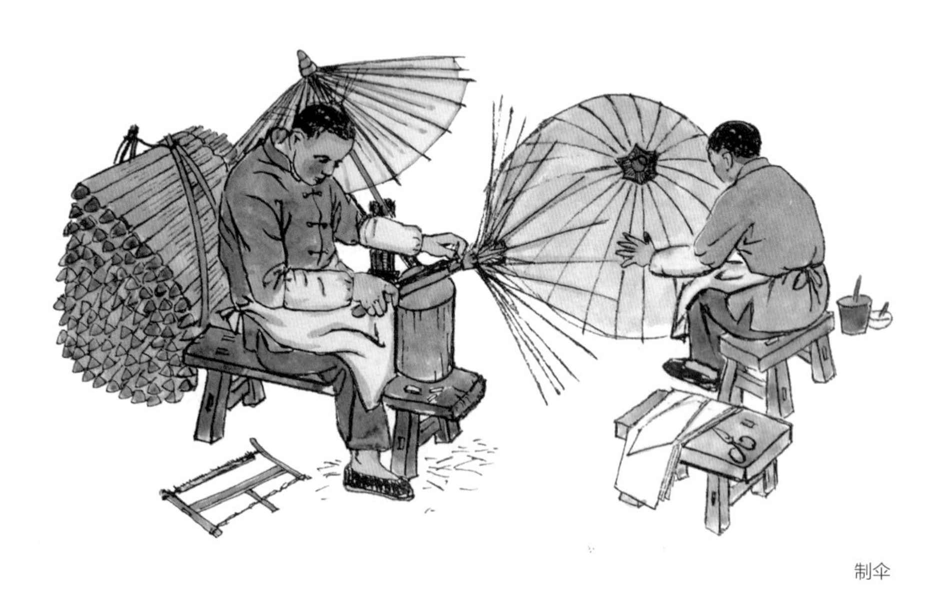

制伞

用棉花纺织出来的土布，其颜色是自身的白色。在日常生活中，白色衣物不仅易脏，而且古时候中国民间认为白色是不吉祥的颜色，所以土布一定要经过染色加工才会投入使用。从前，民间染布大致为百姓自行土法染布和送印染作坊染布两大途径。土法染布多为百姓在日常生活中自染自用，如果布料多的话，人们就会将布料送到印染作坊去加工。

土法染布是百姓在日常生活中自己发明创造的，大多利用身边能找到的天然染料来染布。从最原始的采用多年沉积的“淤泥”，将棉布染成田鼠皮毛的颜色，到利用石榴皮、高粱壳、蓼靛等天然植物将棉布染成淡黄色、淡红色、青色。

蓼靛是一种一年生草本植物，属比较“专业”的染料。早期蓼靛染料配方是印染作坊的秘密，后来不知怎么流传到民间。人们在菜园中随意种植几棵蓼靛，将其叶子采摘下来发酵，与生石灰混合后就可以进行染色了。蓼靛染过的布料呈鲜亮的青色，不易褪色。

鸦片战争后，中国被迫打开闭关锁国的大门，大量“洋货”涌入中国市场。外国人用廉价的工业原料生产出劣质染料到中国来兜售，百姓称其为“洋红”“洋绿”等。这些染料呈粉末状，

染布

一小勺就能染大量布料，而且染色色泽鲜艳，种类丰富，很快就占领了中国市场，并导致蓼靛等本土染料被逐渐淘汰。

旧时，浙中地区与全国其他地方一样，各种“染布店”比较多，各乡各镇也有些专业染坊。这些染坊除了能染单色布匹外，还能印染“蓝印花布”。蓝底白花的印花布在浙中农村很常见，可做床单、被褥、桌披、门帘，以及老太太们的裹头、包袱。现在如果到农村转转，也许哪个老大娘还能留着一床蓝底印花布的被褥。

做行灯

行灯是古时候的照明工具，也就是俗称的灯笼。

民谚有“出门带灯笼，喜事挂灯笼，元宵举灯笼”之说，可见，旧时灯笼是家家户户必备的灯具，甚至是各家门户的标志。行灯的制作，是用细竹丝编织成筒形，糊上薄纸，刷上羊油，有的绘上花草或写上字句。一块圆木做底，一根铁丝对折，倒连圆木做抓手，圆木上倒钉一枚小铁钉，以供插蜡烛之用。点上蜡烛，透亮又防风。

古时候有专门做行灯的行灯店。

做行灯

船家

旧时船家有两种：

一是以船为家。老少几代人吃喝拉撒睡都在船上，他们风里来雨里去，常年漂泊在河里捕鱼捉虾，只因为渔船是自家的，所捕获的鱼虾，无须给他人交份子。捕到几条得几条，把捕到的鱼虾卖了，养家糊口，维系生活。

另一种船家，则是码头上以造船租船为业的商贾大户们。他们自家有船，但不玩船，船只租出去，只管坐享其成。

船家

纤夫

古时候，交通不便，木材、农副产品和日用品等货物全靠船只从水路运进运出，于是就出现了拉船的纤夫。那时，纤夫们弓着身子，背着缰绳，喊着“嘿呦呦，嘿呦”的号子，步态一瘸一拐地往前迈。每当逆水行船或遇上险滩恶水时，全靠纤夫合力拉纤。

纤夫拉纤时，要频繁下水，还经常汗流浃背，衣服一天到晚水泡汗浸，加上纤索的磨损，穿不了几天就破。再者，如果穿着衣服，一会儿岸上，一会儿水里，衣服在身上干了湿，湿了干，不仅不方便，还容易得风湿、关节炎之类的病，所以有许多纤夫拉纤的时候是不穿衣服的，暮春、夏季、初秋等温暖的时节多是光着身子，即使面对女性也是泰然自若。

纤夫边拉纤边喊号子，号子声声，空谷回荡。寒冬腊月、滴水成冰的季节，船只一旦搁了浅，岸边一个个纤夫就会背着缰绳，发出惊天动地的吆喝……风裹着冰雪阵阵狂舞，其境况是常人难以想象的，而纤夫却习以为常。

如今江河道上已不见了纤夫，这也是社会的进步。

纤夫

撑船放排

旧时交通不发达，很多地方河道溪流上没有架桥，行人、货物靠撑渡船、竹排过往上岸。

渡船一般都是用当地的杉木或松木做成的小船，体量并不大，一般一趟只能载十多个人。

竹排，是取整支大毛竹，削去篾青，用火熏致尖头翘起，一根根并排用藤串联，每七至九根连为一帖，二帖为一筏，载重可达一吨。

渡船、竹排均靠人工将竹子做的撑杆顶到河底，来推动小船前行靠岸。撑排摆渡有固定的埠头，俗称“渡头”。

旧时山区盛产木材、毛竹，出运有时也放排。即事先将木头、毛竹扛到江（溪）边，用铁钩、铁链和绳索把木头、毛竹连好，扎成排，然后放排入水，撑到平原地区捞起出卖。放排须趁汛期，故危险性较大，山民为此丧命者屡有所见。随着山区交通的发展，放排之举早已消失。

撑船

撑排

放排

黄包车，因其传自日本，故原本叫“东洋车”“洋车”。为招揽生意，引人注目，车身一律漆成黄色，故名“黄包车”。拉黄包车的人，俗称“黄包车夫”。

黄包车夫作为一个新兴行当，当时吸引了不少苦力。这是一种用人力拖拉的双轮客运工具，约1870年创制。据记载，同治十二年（1873），法国人米拉在日本目睹了黄包车的便利，拟购入中国，并向当时设立在上海的法租界“公董局”呈报了一份计划，要求“在两租界设立手拉小车客运服务机构”，并申请了十年专利经营。后经法租界公董局与公共租界工部局协商，同意由两局发放人力车执照，并批准路程价格。次年1月，黄包车从日本输入上海。因其便利、舒适、廉价，遂在各地盛行，直至20世纪50年代前。

初时，黄包车双轮为铁制，轿厢架于轮轴，人坐厢内视野开阔，无遮无挡。车夫在前双手握车把拖拉，要快要慢听凭顾主使

拉黄包车

唤。1892年，橡皮车轮输入，黄包车车轮改换，两轮垫以橡胶。因其适应性强，雇用方便，车资低廉而久盛不衰。黄包车源流相近，在各地的运行大同小异。依当地情况略作变通，舒适与简陋便区别开来。旧时，各地黄包车绝大部分也由车行租给车夫；少数富家仍有私人配置，雇脚夫拉车，俗称“包车”；还有一种车夫自购的车，多为半新不旧，收拾收拾又焕然一新，主顾可包月，亦可临时喝唤了去，俗称“野鸡包车”，又叫“跑单帮”。一般乡镇不见有此营生。

黄包车多集中于闹市与人流密集区域等候，商贾来往，客货两旺。

拔牙

旧时城镇乡村，不时可见挎着一只药箱或推着木独轮的拔牙镶牙的游医。他们一般会在人们必经之地，如城门口、集市地摆摊行医，能说会道：“来来来，祖传治牙齿秘方，治牙不痛，拔牙不痛。先给你治，如痛不收你的钞票。”如有人前来就医，马上示意他坐下，张开嘴，弄把镊钳敲打牙齿。碰到病牙，病人大喊痛时，他便从药箱中取出一小药瓶，用小药勺挑点药粉，混点白酒调成糊，然后用镊子夹块药棉，浸上药糊塞进痛牙洞里，牙痛骤停了。“神了！”围观者发出惊叹声，七嘴八舌地议论开来，求医者也多了起来。对拔牙的求医者，游医要先作检查：如牙根还牢，他会配点祖传止牙痛药止痛；如牙根已松动，他会建议立马拔牙。拔牙时他会用钳子夹住病牙，病人咳一声，牙就掉下来了。

旧时医疗条件差，缺医少药，百姓有牙病只好找这些游医治疗。游医中鱼龙混杂，医疗事故也时有发生。好的游医会常来常往，差的游医就来去无踪，出了事患者倒霉。

拔牙

榨糖

浙中一带自古就有种甘蔗榨汁土法熬制红糖的传统，其中以义乌红糖最负盛名。

在甘蔗的生长过程中，它所吸收的养料除了提供自身生长消耗所需以外，剩余的大部分会贮藏在其根部。土法熬制红糖工序中，第一道是收甘蔗，因为甘蔗茎秆所制造的养料大部分都是糖类，而甘蔗根部的糖分最浓，所以在收甘蔗的时候要尽量靠近根部砍，这样可以提高甘蔗的出糖量。砍回来的甘蔗要趁新鲜进行榨汁，因为甘蔗榨汁是直接压榨，而不需要清洗，甘蔗越新鲜，表面的白霜就越多。古人认为，甘蔗表面的白霜是自然天地的精华，这些都要保留到土红糖中去，对人体具有滋养的作用。而且甘蔗表面的白霜似乎也和其养分多少有关，只有那些养分充足的植株，白霜才会挂得多，挂得漂亮。

甘蔗榨汁，古时是用牛拉的木榨糖车。义乌传统的牛拉木榨糖车（俗称木糖车）用两段坚硬的圆木（直径60厘米，长1.2米左右），上端各做凸凹滚齿的雌雄捃子（俗称糖车捃）互相契合，安装在上下两块大木板（俗称糖车板）中间。木板两头各装两根天地顶柱，固定在地上。其中凸齿圆木滚筒的上轴，长于上板约40厘米，上装一根弓形的大弯木（俗称糖车犁穹）。

牛拉动糖车犁穹，使雄捃转动，带动雌捃。甘蔗一旦插入夹缝中，就被轧扁，流出的甘蔗水叫糖水。甘蔗水顺着捃子流过下板沟槽，进入一口装糖水的缸内。被轧过的甘蔗从糖车捃的另一面缝中出来，有人接渣（俗称甘蔗渣）。待一捆甘蔗轧完，接甘蔗渣的人马上把刚轧完的甘蔗渣抱到前面重轧。轧第二遍的时候，拉糖车的牛就比较吃力了。轧了两遍的糖蔗已成为一片片渣，但还有糖汁，为了让甘蔗中的糖汁充分地析出，所以还要轧第三遍。轧第三遍时牛最吃力，在后赶牛的人往往用肩顶住糖车犁穹，以助牛一臂之力。一般轧满一缸糖水就换一头牛，一部木榨糖车不分昼夜地由三四头大耕牛轮换拉转。糖车轧甘蔗，如绞花机绞棉花，所以义乌人叫“绞糖”。

榨糖

甘蔗汁中含有大量的酵母，因此甘蔗汁上会有一层漂浮物。在熬糖之前把所有的甘蔗汁放入一个大的蔗汁存放池，将这层漂浮物不断地去除掉，直到留下纯净的蔗汁为止。然后，将蔗汁放到锅里用猛火煮，这时要不断搅拌，并把浮在表面的糖泡与混在一起的杂质滤掉。然后将滤掉杂质的糖水转移到第二个锅里，继续熬煮，让水分蒸发掉。整个制作场里一共五口锅，第一口锅火力最猛，用来煮蔗汁、去杂质，然后不断往后面的锅转移。越往后，火力越弱，糖的浓度越高，水分越少。熬煮过程中，要经常搅拌，以防粘锅。煮好的糖要快速舀出到一个大容器里，再快速搅拌，这样做出来的糖片才会“起砂”。

20世纪三四十年代，是义乌历史上种蔗制糖的最盛时期。1929年，义乌“黄培记”号生产的红糖在西湖博览会上荣获特等奖，义乌青红糖从此名声大振，一直畅销全国各地，有的还远销国外。

制竹交椅

制作竹交椅，俗称“拗交椅”。

竹交椅，是选取竹林中天然小毛竹，根据不同大小，经过取料、熏烤、凿榫、制卯等多道纯手工工艺制作、加工而成。形制有靠背椅、圈椅、躺椅等，多种多样。简洁的造型，优美的弧度，严密的榫卯，特别是那利用天然竹青，用烟熏得乌黑发亮，然后刻上精美花草、动物、词句构成的靠背，更是精妙雅致。

竹交椅全新使用时散发着竹的清香，给人以自然的味道；时间用得久了，颜色渐渐变黄，色泽饱满，触感光滑，夏天乘坐尤其凉爽舒适。

制竹交椅

鸡毛换糖

在那个物资匮乏的年代，武义街头巷尾、乡村角落总能看见一个个手摇“拨浪鼓”，肩挑货郎担，嘴里大声吆喝着“鸡毛换糖喽——”的小商贩，称为“敲糖担”“担头客”。这些小商贩多为义乌人。

古时，义乌人多地少，很多人连基本温饱都得不到保证。为现实生活所迫，勤劳智慧的义乌人想到了“鸡毛换糖”的好办法，人们把义乌红糖加工成糖饼、姜糖等，装进一个货郎担，走南闯北，一路吆喝，一路用这些小东西换取鸡毛，再将这些鸡毛卖出去，从中赚取差价。

义乌最初的鸡毛换糖是从廿三里开始的，历经数百年的世代相传，义乌“敲糖”成为了一种独特的行业——敲糖帮。

最早的“糖担”，是在两只圆形的木桶内放些烘晒得很干燥的谷壳，然后将做好的“作糖”混放在谷壳里，再将桶盖盖好，可以经久不烊（化）。“作糖”原料以“青糖”为主，掺入花生

米、芝麻及炒米之类，吃起来又香又甜，成本低，卖价便宜，很受人们尤其是儿童欢迎，生意很好，挑“糖担”的人也就越来越多了。当时挑“糖担”不称为“敲糖”，而叫“摇糖鼓”，因为卖糖的人都摇着一只“货郎鼓”沿门挨户叫卖，只限于以钱换糖，不兼做其他买卖。

到了清乾隆年间，这种卖糖生意极为兴盛。糖的形式多是一尺至一尺半直径的大糖饼。同时，将木桶改为箧篓，在箧篓上面盖一木制的方盘，将“大糖饼”放在方盘上面。“糖饼”上面再加盖纱布罩一只，另备“糖刀”一把、木槌一只。出卖时凭买主付钱多少，即以“糖刀”敲剖给多少糖；并且不再限于以钱交易，也可以以物换“糖”。“物”的范围极广，以废铜废铁，鸡、鹅、鸭毛等为主。自此，统称为“敲糖”生意。

后来，“敲糖”生意又出现了新的花样，除了卖糖和换糖之外，又兼卖糖和换针、线等什物。“敲糖”生意的主要对象原是儿童，自此改为以农村妇女为主，送担的地域原是以城镇、市集为主的，此后却改为以荒僻的山区为主了，并且日益由近而远，南至广东，西至湖南，北至徐州。

每年榨糖季后，义乌人便挑着货郎担，踏上走南闯北的“鸡毛换糖”之路，一走少则个把月，多则半年一年才能回一趟家。他们挑着沉重的担子，徒步行走在凹凸不平的乡间小路，一路风餐露宿。“百样生意挑两

鸡毛换糖

肩，一副糖担十八变，翻山过岭到处走，混过日子好过年。”这是旧时流行在义乌“敲糖帮”里的顺口溜，道出了这个平凡群体生活的不易。

摆香烟摊

旧时，卖香烟除了各种烟酒商店外，最方便的就是街边摆的小烟摊。一个可收可拢的撑架，上面摆一个木盒，里面排满了各种牌子的香烟。有便宜的，也有上等的，就看顾客喜欢哪种。路过烟摊，随手拿一包，非常方便。

香烟的品牌很多，各个时期都有畅销的牌子。民国时的香烟以“大前门”为最，那是有钱人抽的。穷人抽“老刀牌”，能抽“美丽牌”的已经不错了。抗战时期的“918牌”“三省牌”香烟畅销全国。还有“梅兰芳牌”“金字塔牌”“双喜牌”，都是普通老百姓喜欢买的。最有生命力、卖得最持久的品牌香烟要数“大前门”，一直到今天还在卖。

小摊卖香烟最妙的地方在于可以拆零卖，即一支香烟也卖，方便了社会底层的劳动者。

摆香烟摊

卖梨膏糖

旧时，每到秋冬季节，街上就会有来自北方的卖梨膏糖的小贩。他们身挑一副箱架，一条长凳，手拿小铜锣，看到人多、地段又宽敞的地方便摆上箱架，站在长凳上敲起让人脚底发痒的小铜锣。“噹噹噹、噹噹噹”，随着锣声响起，周边的人便围了上来，见人越来越多，卖梨膏糖的人南腔北调唱起了一些信口编造的笑话，让人捧腹大笑。他也会说唱《三国演义》《水浒传》《西游记》《古今奇观》等段子吸引大家。说唱间见机开始推销，“小姑娘吃了我的梨膏糖，面如桃花红堂堂”，“伤风咳嗽吃块梨膏糖，喉咙适意气不喘”，“胃口不好吃块梨膏糖，明朝就想吃蹄髈”……当人群情绪调动起来和卖唱人融为一体时，他停止说唱，即从箱子里拿出梨膏糖开始卖。卖梨膏糖时也有花头精，小贩会迎合人们的心理，来个“初到贵地，讨个头彩，买一送一，酬谢各位父老乡亲”的促销手法。朴实的人们纷纷掏钱购买梨膏糖。

梨膏糖是用十几种草药和梨汁、冰糖、橘红粉、香檬粉等熬制而成的，对咳嗽多痰、气管炎、哮喘等病有一定疗效。相传，

卖梨膏糖

唐代名相魏征，为给母亲治病让其服药不苦，特在药汁中添加梨汁和糖熬成药糖块给母服用，效果显著，治好了母亲的病。消息传开，世人仿效，便成了历史悠久的梨膏糖。近代数上海老城隍庙清咸丰五年（1854 ）“永生堂”制作的梨膏糖最有名，一直延续到现在。

卖油

古时候，经常可见挑着“卖油担”，进村入户，边走边吆喝卖油的行当。

这卖油担前后两个木桶，上口略小，底部大，木桶三分之二高处均匀分布着四个耳朵，两大两小。耳朵上设有小孔，一根箩线穿过耳朵孔，系在一起往上一提，套上扁担就可挑，外加一个漏斗、一个油樽，简单而方便。

这卖油担有的是卖食用油的，主要有山茶油和菜籽油；有的是卖桐油的。桐油俗称“青油”，可用于油漆家具，或用于点灯。

卖油

“剃头挑子一头热”这句话道明了剃头匠的工具特点。

自古以来，剃头匠都是挑着担子出门做生意的。担子前面挂着擦拭刀口的“剃头布”、洗脸的毛巾、理发的工具和凳子；另一头是脸盆，脸盆下面是烧热水的炉子。剃完头还要洗头，炉子上有热水。这就是“一头热”的由来。

旧时，民间百姓剃头有“包年”和“剃散头”两种。即头年年底或当年正月一早，剃头老师上门约定，常年在家，可以包年者，约定全年剃头几次，共多少钱，适当优惠；有流动外出，不常年在家者，“剃散头”，价格要略高于“包年”。

一般来说，剃头匠都是十八般武艺样样精通。所谓十八般武艺，就是指剃头以外的本领，比如推拿、掏耳朵、捶腿、捏腰……凡是澡堂子里做下活的手艺，剃头匠都拿得起来，还真能称得上半个郎中。

旧时剃头匠的地位最低，旧俗传说剃头布是用做讨饭袋剩下的布头做的，所以认为剃头比讨饭还要下等。在酒席上，剃头匠的位置就排在讨饭人的后面。

剃头

修钟表

钟表，是钟和表的统称。钟和表都是计量和指示时间的精密仪器。

钟表匠，是指制造和修理钟表的工匠，而我们这里所指的钟表匠是特指修理各种钟表的师傅。

旧时，开钟表店修理钟表的师傅并不多。钟表师傅往往用一张特制的小桌，桌面套上玻璃罩，固定后借街边某个店家门外一摆，找一张凳子一坐，左眼套个“放大镜”就做生意了。

如今，街头钟表修理摊已很少见，修钟表与卖钟表结合，开起了钟表店。

修钟表

装卸工

装卸工，也叫“搬运工”，也就是我们常说的专门从事装卸、搬运货物的人。

所谓装卸搬运，是一种改变物资的存放状态和空间位置的活动——“装卸”是实物的垂直位移形式，从下至上，或从上至下；“搬运”是实物的水平位移方式，从一地到另一地。

在物流作业过程中，装卸搬运作业频繁而重要。在古代，货物的装卸不像现在有升降、起重装卸机械，而是全靠人肩扛

装卸工

背驮；货物的搬运除了水运和陆路上的马车、人力车运输，几乎就全靠人肩挑背扛了。

可见，装卸工是非常辛苦的劳动。

算命

算命，也称“相命”。求者为了知道自己命运的好坏，请算命先生算命，了解自己一生有什么“关口”，什么时候转运，婚姻如何，生育情况如何，是否有落难的时候，等等。算命者多为盲人，肩背“三弦”，手打小铜锣，走村串户。若有求者，则手弹“三弦”边谈边算，按求者年纪、生辰，排算“八字”命运。其词多俚谚俗语，且有韵律，声音悦耳。时而满口恭维，迎合人意；时而恐吓耸听，震慑人心。三言两语即俘人就范，使人信之不疑。

除了算命，还有看相、撮字、摸牌、求签。

看相：看相术多以“柳庄”“麻衣”等相理为依据，从人的五官四体、相貌气色中来审察一个人的富贵贪贱、吉凶祸福。人的头部和手部，都有一定的名称和穴位，俗信穴位丰隆滋润的为“善相”，穴位缺陷晦暗的为“撇相”，配以五行生克、全身纹理斑痣、行动姿态、气色明暗来确断出妻财子禄、寿夭得失。过去每逢“大时节”，“善观气色”的招幡到处可见，看相摊子拥挤不堪。

撮字：即将字书于纸卷，藏之筒匣，由人摸取，然后按所摸之字，推断福祸。另一种谓“拆字”，由求者任出一字，解者依据所出之字的音形义及添减笔画后的变化，结合求者形神动作，审断吉凶祸福。

摸牌：亦称“测数”。在纸上画图配“四句”，折成纸牌三四十张，内容各异，摊于桌上；或装于特制的木盒，随意排列；或以驯养有素的百灵鸟啄择三张牌，谓之“鸟啄命”；或

任人择取三张牌，择时男用左手，女用右手，摊主依所择纸牌之先后，按照画意，结合情景，断凶判吉。摸牌多测近期运气，俗亦谓“测手气”。

求签：俗称“求签书”，即向泥菩萨摇求签书，以征休咎。各寺庙为图利计，皆备有签筒、竹签、签书，并有专人解签书。签书用七言诗体，所言俱模棱两可，说话随意。一般每筒为一百签，签书凶吉分为五等：上上、上、中、下和下下。因求者喜听好话，签书以吉为多，少设凶签，甚至增入“敬神不诚，罚油三斤”“捐款于佛，其祸可解”等内容的签，假造神意，骗人解囊。有的寺庙还设置药签。

五 节令篇

岁时节令，就是岁时、岁事、时节、时令等事，是人们社会生活中约定俗成的一种集体性习俗活动。它的形成是人们对于古代历法、季节气候长期认识积淀的结果。一年 365天，分为春夏秋冬四季、十二个月，又按“五天一候，三候一气”分为二十四个节气 。以此为基础，或农事，或信仰，或祭祀，或纪念，或庆贺，或游乐 ，形成了缤纷多彩的节日习俗。

岁时节令习俗，与人们的生产活动和社会历史紧密相关，并伴随着人们的生产活动和社会历史不断形成和发展，其中不少习俗是与我国长期的农业社会紧密联系的。这些习俗，关系到天文、气象、农时、水利、作物种植、管理、占候、卜丰歉、祈发展等一系列民俗现象，显示了我们祖先对大自然运动规律的认识与把握，反映了人们注重生产，祈望五谷丰登、人畜两旺、岁岁平安的愿望和心理。由于地区、民族、信仰的不同 ，这些节日民俗有的大致相同 ，有的却迥然不同。

我国是农业大国，在传统农业社会中，二十四节气对于广大农民来说，常常涉及农作物的耕种、管理、收藏等一系列活动。民间有谚语“季节不等人，节气不饶人”“人误地一时，地误人一年”等，强调一定不要误农时，按照节气及时地耕作、播种、管理、收藏农作物。

在民间，农历十二月的最后一天称“除夕”，广义的“年”指从小年（腊月二十三或二十四）至正月十五，俗称“过年”。

过年是一年当中最为热闹、最为隆重的传统节日，民间视之为“大节”，俗称“过大年”。

过年的准备从腊月中下旬便已开始，所以一般在外赚钱谋生的人从腊月二十日便开始陆续回家，准备过年。准备事项主要有：

置年货　过年是最热闹的大节，人们忙忙碌碌，辛辛苦苦了一年，谁家都要把这年过得热热闹闹的。因此，过年时家用的、吃喝的、穿戴的、娱乐的，甚至是祭祀祖宗的、礼尚往来的，各种货色一应俱全，尽力筹办。自家有的，切糖起干糕、蒸糕做馃、磨豆腐、舂年糕、杀猪宰羊、烹鸡烤鸭，还有自家种的各种蔬菜、瓜果；自家没有的东西要上街去买，买灯笼、写春联、买鱼、买水果、买饮料，等等，到街上“置年货”，俗称“买过年货”。

置年货

掸尘 在浙中农村，有一个年底掸尘大扫除的习俗。从农历腊月二十五开始，家家户户用新竹枝扎在长竹竿上，俗称“蓬尘帚”，用以掸去屋梁、墙角等高处角落中平时不大够到的蜘蛛网和灰尘（俗称“蓬尘”）。从高处的蜘蛛网、灰尘掸下后，再对低处的角落、杂物进行清理，把地面、板壁，还有一些家用器物进行一次彻底的擦洗，把平时堆积在院内的垃圾废土统统清理出去，让整个宅院焕然一新。

在新春佳节到来之前，家家户户掸尘，进行一次大扫除，有除旧迎新之寓意，又与清洁卫生相结合，是一项非常有益的群众性卫生活动。

掸尘

民间有很多非常有趣的事情，掸尘掸得干净，预示来年“清福清健，吉祥如意，无病无灾”。但有的人家因忙得没有时间掸尘大扫除，只有随便刷一下，掸不干净，又说是“有尘（存）有积，生活富裕，来年日子好过”。

杀年猪　古时候，农户家家户户自养猪、羊、鸡、鹅、鸭。过年要用猪头、全鸡谢年，所以一般到了腊月十五以后，各家各户陆陆续续开始杀猪，在这年节杀猪，俗称“杀年猪”。

杀年猪

猪头连同猪尾留家里，先用盐腌制几天，然后挂在通风处，风干一段时间。到了大年三十，猪头和全鸡一起煮熟用以谢年。杀羊、鹅、鸭，过年自家吃或招待客人。

猪日忌杀猪，腊月二十五要封刀。

馈岁　馈岁，是我国始于北宋的一项传统年俗活动。

北宋时，每到年底人们就互相赠送礼物，称为“馈岁”。

北宋文学家苏轼有《馈岁》诗：“农功各已收，岁事得相佐。为欢恐无及，假物不论货。山川随出产，贫富称大小。置盘巨鲤横，发笼双兔卧。富人事华靡，彩绣光翻座。贫者愧不能，微挚出舂磨。官居故人少，里巷佳节过。亦欲举乡风，独唱无人和。”

宋元期间文学家周密《武林旧事》载：一入腊月后，路上便可见挑担者送酒肉。称为“送年盘”。不计送多少，重在表示祝贺。

至今，在民间，每到年底也有亲戚朋友之间、邻里乡亲之间相互送肉、酒、香烟、菜、粮、水果、土特产，给长者、小孩送鞋送衣裤等馈赠礼物的风俗。

吃团圆馃　除夕的早餐，浙中地区全家人团聚吃汤圆，俗称“吃团圆馃”“吃汤团馃”。汤圆用米汤水煮，旧时农村都用足水煮饭，把米在汤水里煮至七八分熟时捞出（俗称“水捞饭”），放在饭甑里，要吃时再蒸熟。这一天煮的饭要特别多，古时一般要够年初五开年前吃。水捞饭捞出以后，剩下的米汤水盛一部分用以贴春联，留一部分煮汤圆。

贴年红　贴年红，民间俗称“贴对联”“贴联对”“贴红纸”。

每到腊月二十以后，街上便有了写、卖春联的摊位，也有会书法者在自家免费为邻里乡亲写春联的。一般人家都会在年三十前备好过年要贴的联对和大小各异的红纸条。

大年三十，人们一早吃了团圆馃，便开始贴春联。大门、边门、房门、后门、屋柱、中堂、鸡舍、米瓮、谷柜、水缸、猪栏、牛栏都要贴，有的连屋前的树木、家中的常用物件都贴上红纸条。大门对联要加横批，早时候，内容多为：对联“爆竹一声除夕，桃符万户更新”，横批“万象更新”。或者：对联“天增岁月人增寿，春满乾坤福满门”，

贴年红

横批“年丰人寿”等。房门一般写“斗方”，四字吉语；边门（俗称“车门”）也贴对联，一般不用横批；后门也贴，写的是“后有靠山”；猪栏写“生畜兴旺”或“栏头大发”；牛栏写“力大如虎”；谷柜（仓）写“五谷丰登”“金谷满仓”或“黄金万两”；米瓮写“白米有余”；鸡舍写“鸡鸭成群”；等等。香火榜文、灶君榜文等都有规定的内容和格式。

谢年　大年三十上午，贴好红纸联对，煮熟猪头、全鸡，便开始“谢年”。

谢年，即把煮熟的猪头（含猪尾）、全鸡装在用木头特制的猪头桶或豆腐盂钵里，在猪头上插三支竹筷，并把一把刀口向上的菜刀靠在猪头上，三杯清茶、三盅米酒，配三双竹筷、满满一大碗米饭以及各种水果、糕点。先在庭院内的天井上摆放一张“八仙桌”，把猪头等供品摆在桌上，点起蜡烛、点香接“天宫造佛”。接佛者必须是家中当家男人，其他家人围在一起持香叩拜。旋即焚纸钱（俗拜佛不烧“利市”

谢年

要烧黄纸）。然后放一串鞭炮，三个大火炮送佛。香火老爷、锅灶爷爷、猪栏土地。本保老爷都要祭拜，每拜完一处都要浇上一勺“猪头汁”，其仪相同。

掰猪头 谢年祭拜完毕就开始“掰猪头”，一家人围在一起把整个的猪头掰开，切取猪头肉蘸以酱油醋，全家大小畅怀而吃，享用猪的赐奉。经腌制的猪头肉香而不腻，大人小孩都能饱餐一顿。

烧年夜饭 年夜，俗称“隔岁”（意为过了这一夜，就是另一岁、另一年了）。烧年夜饭，俗称“烧隔岁”。

年夜饭要烧得十分丰盛。为了这顿年夜饭，要准备好多天，家里有的，街上买的，把各种食材都备齐，猪肉、牛肉、羊肉、鸡、鸭、鱼、豆腐、蔬菜，荤素搭配，样样齐全；炒、炸、焖，烹、煮，各种烧法都用上，力求色香味俱全；切菜，炒菜，烧火，挑水，摆放碗筷各有分工，全家大小齐动手，无一闲着。

烧年夜饭

上年的水涝饭吃到第二年，寓意有吃有余。

吃隔岁 吃年夜饭，俗称“吃隔岁”，意为吃了这一餐，就是另一岁了。

“吃隔岁”这一餐不像往常随便在厨间吃，而是要摆在中堂（俗称“大轩间”）吃。大户人家祖孙几代，人多还不止一桌。

烧好了“隔岁”，要让祖宗先享用，即要先行“拜隔岁”，挂好祖宗画像（俗称“太公婆”），然后点起蜡烛点起香，到门外去行拜，迎接已故祖宗回家“食隔岁”。拜“隔岁”时要多烧点纸钱（“利市”“锡铂”）。拜完“隔岁”，将拜隔岁点过的红烛移到祖宗画像前的供桌上，把香插在香炉里，意为留祖宗在家过年，等年初五开年后再送回去。

吃隔岁

拜过“隔岁”，把祖宗用过的碗筷换下，重新摆上全家人要用的碗筷，开始“吃隔岁”。全家人济济一堂，长者坐上座，先酒后饭，开心畅饮，快乐万分。隔岁饭也要给狗吃，俗信特别要看狗先吃什么，先吃饭，万事都好，先吃肉，来年猪肉贵。

在吃年夜饭前要把家中的“秤”藏起来，俗信年夜饭后不能看到秤，否则来年会经常碰到蛇的。吃过隔岁饭，借别人的东西要还清，不准讨账，放在屋外的东西要拿回家。房间、院子要打扫干净，收拾整洁，年初一不能扫地。要用萝卜菜或辣椒烧汤洗脚，俗信这样洗过脚就不会生冻疮。水缸要挑满水，盖上井盖，盖掉以后不准开井挑水。全家人都要穿上新衣服、新鞋袜。家主要给小孩压岁包，有的人家是未赚钱的子女和妇女有压岁包，有的人家是全家子女和妇女都有压岁包，也有的子女给父母长辈包红包，以示孝敬。父母教诲小孩要听话，吃过“隔岁”不能说坏话、脏话，不能骂人、打人。要和别的孩子也和气相处，要讲好话、吉利话。火缸里的炭火通宵不能断火，火笼也装得满满的，整个房子通宵灯火不灭，寓意生活红火，满屋生辉。

守岁　除夕之夜要守岁。守岁时要点香、叩拜祖宗画像，给祖先敬香；再敬茶，即把清茶、各种糕点、水果摆在祖宗画像前的供桌上，让祖先享用。大人们泡上清茶，摆出糕点糖果、花生瓜子等边吃边谈笑，孩子们“叠火射”、踢毽子，蹦跳嬉闹，乐此不疲，直至深夜，甚至通宵。

叠火射　用松明烧火堆，俗称“叠火射”。“叠火射”用的松明早有准备，平时用松木劈柴火时，看到松明就劈成小块留下。“叠火射”一般在自家大院的天井上进行，取数支毛竹尖，小头削尖插在天井周围，大头开成四片，夹上一片瓦片，在瓦片上烧松明，俨然是一堆堆小篝火。小孩们在中间边跳边唱；有的还在村中的公共香火间“叠火射”，中间一堆松明火堆，全村小孩围着火堆跳啊唱啊，更是热闹非凡。

守岁

叠火射

“叠火射”时孩子们唱的歌谣非常有意思：“三十日夜叠火射，金银宝贝满槽箩，一箩黄金一箩银，盖座楼堂盖座厅。”多么美好的寓意，这是祖祖辈辈一直传唱下来的。

到了除夕半夜时分，要点香祭拜天地，放鞭炮（俗称“关门炮”），然后关门，俗谓“封年”。

过了除夕夜，就到了正月初一（俗称大年初一）。

开门炮　大年初一第一件事便是开门，开门的时间各有讲究，有的是抢早，有的是择时辰。开门时都要放鞭炮，俗称“开门炮”。旧俗称开门放火炮为“开门迎神”。

早上起来洗漱后，一手提着点响的小鞭炮，一手开大门。走出大门口放大火炮，火炮要放双数，4支到10支不等。开门炮必得放响，越响越好，最好第一支火炮就响两声，表示新的一年第一炮就打响了，全家就会万事

开门炮

如意。有的如果遇上第一支火炮只有一响，其余的就不放了，拿着未放的火炮，口里喊着："好啰，今年一炮响啰……"高兴地跑回家，如遇第一支就哑炮，则谓之不吉利。所取火炮不要全部放尽，一般要留一二只，意谓"新年有余"。大人起床开门放火炮，小孩也跟着早早起来拾火炮，赶热闹。

团拜　旧时，过春节要拜年，大年初一这一天不出门，要先在家里向长辈拜年。全家人齐聚中堂上，晚辈团团围着长辈跪地叩拜。长辈给晚辈每人一个红包，还要给小孩鞭炮。这种叩拜形式，俗称"团拜"。

给长辈贺寿，也用同样的"团拜"形式，向长辈叩拜行礼祝寿。

拍全家福　过年是全家团聚的日子，趁全家长幼齐聚时光，拍张"全家福"合照，这是不能错过的机会。拍"全家福"按辈分排位，父母长者端坐前排当中，儿子、儿媳、女儿、女婿、孙儿孙女、重孙重孙女等依次排开，孩子或站或抱。要么到照相馆拍，要么请照相馆的师傅上门，摆出相机拍照。如今用手机拍照更为方便。

团拜

拍全家福

元宵节

正月十五元宵节，又称上元节，俗称“正月半”。

迎龙灯是元宵节最重要的活动，俗称“闹元宵”。清嘉庆九年《武义县志》记载：古时武义“各家悬灯于门街衢，或接竹为棚，挂灯其上，笙歌喧阗彻旦，各坊做龙灯长数十丈，多扎花灯，为人物、亭台数百盏，迎于街市，以赛神斗胜”。

“闹元宵”大多数在正月十四至十六夜举行。但武义闹元宵迎龙灯时间特别长，早的正月初十夜就已经有龙灯活动，最迟的到正月二十夜才结束。且武义龙灯种类较多，有布龙（跌蛟龙）、草龙、纸龙、板凳龙等，其中以板凳龙最长，最为壮观。

古时元宵迎龙灯俗称“迎龙头”，多由各庙主持，所以迎龙灯前，正月十二早上要关庙门，十三在庙里做馒头，这天要吃素。十四早上开庙门，开始吃荤，分馒头回家过元宵。也有的有专门的组织，叫龙头会，龙头会有龙头田，其收入供迎龙头开销。

武义闹元宵除迎龙灯外，还有许多地方有“走马灯”“迎大蜡烛”“迎大男灯”“迎佛”“迎花树（亦称迎牡丹）”等。在桃溪镇的东垅村，至今沿袭着一种极为原生态的迎大蜡烛活动，陶村除了迎大蜡烛、迎龙灯，还有别具一格的“浪街”活动。自明朝中叶开始，在武义县桐琴、泉溪一带民间还盛行一种“轿车”活动，当时武义农村男女结婚采用花轿迎娶，人们为了取乐便模仿花轿制作了轿车，每逢元宵灯会或庙会时演出。轿车形状如同彩轿，装有轮子，由人推着行走，颇像独轮车。

浙中旧俗，元宵节要做消灾馒头和吃元宵汤圆。消灾馒头有两种做法，第一种是把糯米用水浸透后放在饭甑里炊熟成糯米饭，把糯米饭捏成小饭团作为馒头的馅。用米粉（粳米与糯米七三比例）加热水揉成团后做皮，米粉皮包住糯米馅揉成圆形，然后逐个塞入特制的馒头模成型，取出后放进蒸笼里，再用箸头蘸洋红给每个馒头点上一点，蒸熟后雪白的馒头加上一个小红点，显得格外耀眼。馒头冷却后浸在清水里，不易裂开，经常换水能保存的时间较

元宵节

长，或煮着吃，或把馒头切片炒油菜芯，味道极佳。第二种做法是用麦面和水揉成团发酵后做皮，同样用糯米饭做馅，置于蒸笼蒸熟，用红色素和面成糊状，在每个馒头上淋上“福”或“春”“寿”等字样即成。元宵夜要吃汤圆，表示团圆。

正月十四夜要挂祖宗像，瞻仰太公、太婆。

各地举行消灾活动，俗称“做消灾”。一般由“消灾会”操办，每年从年初八开始，即年初八由消灾会的主办与一和尚手持一支红梅、蜡烛，手摇振铃，捧一碗清水，挨家挨户边摇振铃边洒水，俗谓之“洒净”。洒净过后，全村禁荤吃素。到了正月十三，各家各户做消灾馒头。正月十四馒头上庙。正月十五馒头下庙，开始迎消灾。消灾队伍有锣、神铳、各式旗、大伞、马牌、銮驾、香亭、抬阁、大蜡烛、锣鼓班等。

端午节

农历五月初五端午节，俗传源于纪念屈原。端午节有插艾条插菖蒲、包粽子、喷雄黄酒、驱恶鬼、挂香包、驱五毒、吃大蒜、吃鸡蛋、推端午船等习俗。

插艾插菖蒲 端午节家家户户都于门上、灶头、栏头及床上插艾条、菖蒲，谓之能驱邪避秽。相传此举为古时神人相授，艾条为驱邪之钢叉，菖蒲则是张天师斩妖之剑，盖因其形似，再加上两物均为药草，有去秽气之功效而致。武义南部山区还有在门上绕葛藤的习俗，谓与唐末农民起义军黄巢有关，说是当年黄巢路经浙南，见一年轻善良农妇背上背着一个七八岁大的小孩，手上牵着一个三四岁小的小孩，往山上逃难。黄巢见之感到奇怪，便上前询问，为何大的孩子背上背，小的孩子反而牵着走。农妇告之：大的是伯父的小孩，伯父伯母已死于战乱；小的是我自己的小孩，我丈夫还在，孩子若是有个三长两短，到了太平世道我们还可以再生一个。黄巢为农妇之举所感动，故让农妇回家于门上绕葛藤为记，并吩咐手下见门上绕葛藤者不得扰乱，村人闻之，纷纷效之，遂成此俗。

包粽子 俗称“裹粽”。据传始自屈原投汨罗江后，人们为免鱼鳖伤害屈原身体，便以箬叶包饭，投之于江喂鱼鳖的故事。农历四月底，农家便上山采摘箬叶。到了端午节，家家户户清洗箬叶，浸泡粽米，煮捣赤豆，包裹粽子。端午粽有咸粽和甜粽两种。

武义桐琴一带端午节有吃麦饼的习俗。

喷雄黄酒驱五毒 各地以蛇、蝎子、蜈蚣、蜘蛛和蛤蟆为“五毒”。俗传，五毒都是端午日午时开始旺生，故民间于此日午前，在屋角及各阴暗处撒石灰、喷雄黄酒、薰药烟，以灭五毒，杀病菌，驱秽气。

驱恶鬼 俗传五月是“恶月”，端午是“鬼日”，有恶鬼作祟，武义民间有挂钟馗像，贴驱鬼符之俗。

端午雄黄酒

挂香包 端午日，小孩多挂香包于胸，谓能驱邪避秽。香包内装茶叶、米、冰片等物，外用色布缝成金锁、粽子、鸡心等形状。鸡心为“记性”之谐音，寓意读书记性好，有上进心，办事认真，有出息。且浓香四溢，鲜艳美观，制作精良者，有较高的工艺美术价值。也有用彩色丝线编结，内装樟脑丸者，其形多呈葫芦、长桶及菱角状，还有选整蒲独子大蒜，外用丝线编结的，叫“端午串”，俗谓可避邪。

吃大蒜、鸡蛋 端午日每家每户都要吃大蒜，将大蒜剥去外衣，先用清水煮至七八分熟，再与鲜肉、鸡蛋（水煮至熟后剥去蛋壳）合炒，香味扑鼻，味道鲜美。吃大蒜隔水气，下水洗澡或被雨淋湿，水不会渗入肚脐，不易受凉，并且大蒜有预防传染病之功效。吃过鸡蛋，俗传不怕雷公（夏天打闷雷不会惊吓）。

端午节

采草药 俗传端午日是白娘娘上昆仑山采药，救活许仙的日子，故此日采药最灵。乡村不少人多于是日上山采药，以备应急之用。

喝午时茶 旧俗端午日要喝午时茶。据清嘉庆九年《武义县志》卷三记载："合枳壳、陈皮、厚朴、山楂、麦芽之类，谓之午时茶。"俗信喝了能驱秽气。

送船逐疫 旧时，武义县城城隍庙端午日要举行"送船逐疫"，俗称"推端午船"。

端午船约二丈多长，船上绑着五个象征"五鬼"的纸人，推端午船就是驱逐"五鬼"，祈求平安。

那时，武义民间有"端午船不推，瘟疫要发生"的谚语。志书载，古代武义常有瘟疫流行，造成大量人畜死亡，故人们"送船逐疫"。县城以外的一些乡村，村民在端午日把一只小木船推到河里，也谓之"推端午船"。

农历七月初七，俗称“七夕节”，亦称“乞巧节”“少女节”“女节”。传说是牛郎织女一年一度天上鹊桥相会的日子。这一天，民间有多种多样独特的民俗活动。

乞巧 七夕为乞巧节，据清嘉庆《武义县志》卷三记载：“七月七日，人家女子夜间陈瓜果于庭，以祀织女，谓之乞巧。”乞巧，即妇女向织女乞讨智巧，求心灵手巧。

旧时，农家妇女特别是有姑娘的家庭，都要于此夜设香案，陈瓜果于庭院，瞻拜牛郎织女星，向织女乞讨智巧。青年妇女借着星光，比赛穿针，连穿七枚，优胜者则为“得巧”。

人口集居的大村庄，则要举行花样众多的乞巧盛会。此夜，妇女们吃罢晚饭，洒扫庭院，沐浴更衣，纷纷来到约定的地方，摆设案桌，陈列各种瓜果（如西瓜、青枣、苹果等水果或桂圆、荔枝等干果还有自制的巧果）、巧品（巧手们精制的女红、如绣花石榴裙、云鞋、小云鞋、童帽、钱袋、烟袋、扇袋、香包、方巾、绢帕、汗巾、红肚兜等各色刺绣，还有用花生仁、瓜子肉、莲子等干果粘贴和彩线、金丝扎成立体的鸳鸯戏水、彩蝶双飞、紫燕衔泥等的巧件，也有用西瓜雕刻成图案的瓜灯）。妇女们点烛焚香，依次礼拜。然后由年长艺精的绣花师傅，对女红（刺绣、巧件）进行评比，讲授技艺。刚满七八岁的小姑娘，则在香案前学穿绣花针、配彩线，行拜师礼。一直热闹到更深人静时分尝巧果后方才散去。这些参加乞巧的刺绣，往往是姑娘们定情相亲和出嫁时的礼物，或是投师求艺的蓝本。

乞巧时，小孩们也来凑热闹，他们待天上银河初现，牛郎织女双星耀眼时，就把端午节挂过的香袋，抛上屋顶。据传是让喜鹊衔去搭鹊桥。当然，孩子们也少不了分享巧果。

听私语 俗传此夜牛郎、织女鹊桥相会，若静卧葡萄架下或梧桐树荫下，可窃听牛郎织女窃窃私语，民间小孩信之不疑。皆欲一试，谓之“听私语”。

洗头发 旧时农家少女，多于是日取黄荆柴及乌桕树叶，捣烂

搓碎后用以揩洗头发，俗信能使头发整洁光滑，增光发黑，美如织女。

洗头发多在七夕清晨，年轻姑娘相邀结伴，齐赴河边塘埠，面对朝霞（俗谓巧云），口唱洗头歌，手搓黄荆柴或乌柏树叶，揉出青叶汁，解开长发辫，边洗边梳，边唱边笑，甚为欢乐。把青丝乌发洗得光泽润滑轻柔飘逸，迎着晨风吹摆，直到红日冉冉升起，这才回到家中，互相帮衬，梳起各式发髻。

如今，妇女们还大多会在七夕这一天洗头，只是用化学洗发精、洗发露之类取代了黄荆柴、乌柏叶。城镇姑娘洗发后不再打髻，让美丽的青丝随风飘动，更显青春魅力。

杀雄鸡　旧俗七夕节，有的村落要杀尽村中所有雄鸡，意谓此夜牛郎织女难得鹊桥相会，若无雄鸡啼鸣报晓，即会长夜绵绵，让牛郎织女永不分手。

念七巧　民间小孩，多于此夜三五成群结伴在一起比赛念绕口令，念时眼瞻天上北斗七星，双手合掌，以示虔诚。其词为："北斗七星七姐妹，七月七日连讲七遍真聪明。"谁若一口气连念七遍无误，得为优胜，谓之"最聪明"。俗称之为"念七巧"。

换牛绳　旧俗各养牛户多于此日更换牛绳，同时祭祀"牛郎神"，并给牧童改善伙食，以祈"牛郎神"多多照应，以保"人畜两旺"。

接仙女　接仙女，即接织女，源于民间"牛郎织女"的传说，是七夕节中武义城乡各地流传最为广泛，一直传承于今的民俗活动。

旧俗，七夕之夜，各家各户多于自家庭院摆设香案，陈列瓜果糕点，用利市、黄纸、锡铂结成元宝银锭，在院中搭起鹊桥焚之，点燃荷花灯彩，点烛烧香，瞻拜牛郎织女，意为接织女过银河与牛郎相会，愿天下有情人终成眷属。同时，姑娘们也以此为自己祈求婚姻美满，夫妻团圆，儿女满堂。

人口集居的大村庄，多于此夜在河边塘埠设香案、陈果品行接仙女之俗。是夜，全村人几乎倾巢而出，妇女们用利市、黄纸和锡铂结成的元宝、银锭在河边或塘埠头搭起长长的鹊桥，行祭拜牛郎织女礼后把事先准备好的荷花灯点燃放入水中，边唱接仙女歌、游桥歌，边点燃元宝银锭搭成的鹊桥，祈求牛郎织女此夜相会，永不分离；祈求人世间有情人终成眷

属，姑娘们个个心灵手巧，寻得好丈夫，婚姻美满幸福；家家户户团圆安康，子孙满堂。小孩们围着熊熊燃烧的香火，跳跃舞蹈，而男人们则在边上看热闹。

此俗传承至今，全县各地仍有不同规模的活动，而最为热闹的当属武义县城。每年七夕之夜，熟溪两岸的妇女就近来到溪边，分别设点，摆香案，陈果品，搭鹊桥，放荷灯，表达心中的祝愿。而此夜规模最大的接仙女活动，是设在熟溪桥下游南岸由熟溪村妇女们置办的接仙女仪式。每年七夕节前几天，熟溪村一批热心的老奶奶便带领姑娘姐妹们开始做准备。妇女们分别自掏腰包，购买利市、黄纸和锡铂结起元宝、银锭和金条、银条、每个妇女制作七对荷花灯，并买来瓜果糕点和利市香纸。七夕这天下午，妇女们带上自己所准备的“祭礼”，早早来到约定俗成的老地方——熟溪桥下游南岸的埠头，摆开一排长长的案桌，置上各色瓜果、糕点；用利市结起的“构件”砌起一个个桥墩，把黄纸、锡铂结起的元宝、银锭和金条、银条当桥梁桥板，搭起一条弯曲连绵数十米，甚至百米长的七星桥；

七夕节

当夜幕降临时，点起香烛，参加的妇女一行行排列成队，手持清香，先要接佛，朝熟溪桥叩拜（因过去熟溪桥中间阁楼设有观音堂），唱接佛歌，边唱边叩拜，意为把仙女接下来。之后要游桥，先朝熟溪桥叩拜，接熟溪桥上的桥神，意为让熟溪桥上的桥神保佑，七星桥也能像已有八百多年历史的熟溪桥一样牢固，千年不断，让牛郎织女常常相会，永不分离。游桥唱游桥歌，接完所有的佛、七仙女和桥神，就继续念佛经。整个接仙女、游桥接桥神、接佛、念佛经持续一个多小时后，开始放荷花灯，把一盏盏各色荷花灯点燃放入熟溪水中，缓缓游动，似星光点点，随风摇曳，紧接着点烧七星桥，顷刻间整座七星桥成为一堆熊熊篝火。水上的灯，岸上的篝火与熟溪桥上的彩灯相映成趣，蔚为壮观。

中元节

七月十五为中元节，俗称“七月半”，民间谓之“鬼节”。清嘉庆《武义县志》记载：“中元节，人家各设馔享祀先祖，或集僧舍作盂兰盆会，施孤放水灯。”

蒸水糕　在武义农村，七月半家家户户都要蒸水糕吃。水糕，亦称“千层糕”，早籼米用水浸透，带水磨成米浆（俗称“夹水磨”），加糖，然后倒一部分米浆于蒸笼里蒸，蒸熟了再加一层，一般四五层，有单色的，也有双色，甚至多色的。

做斋饭　旧俗，七月半夜晚要做“斋饭”祭祖宗。小孩要早睡，以免晚上跑出去被鬼摸去。

祭野鬼　即祭祀孤魂野鬼，各家设祭于路，以祀无主野鬼，谓摆“路头斋饭”，祭时焚化纸钱、纸服、纸车和纸马，谓让野鬼穿衣携钱，乘车骑马远走他乡，以免在本乡作祟。

有的地方七月十四过七月半，据传此俗是黄巢起义时，百姓在兵荒马乱中提前一天过节，以防抢吃。又传七月十四过七月半的地方是太嬷特别贪吃，提前一天就抢先吃掉了。

中元节

中秋节

中秋节，民间俗称“八月半”。清嘉庆《武义县志》卷三有载：“十五日，城乡各祭宗祠，是夜人家设肴馔，陈酒、脯、月饼、栗、藕之类聚饮，谓之赏月。”

赏月时，分吃月饼，又称“吃团圆饭”，届时家中有人因故未到，则必空一个座位，以示思念。拜月时，小孩唱儿歌，其词多为：“月亮婆婆，下来撮田螺，撮撮一木勺，吃吃一箸头。”拜月时，小孩不能用手指指月亮，否则，俗信月亮婆婆会下来把小孩的耳朵割破。除祭祀宗祠外，旧俗有的地方还要拜“猪栏土地”。

八月半的食品除吃月饼以外，家家户户要吃肉、蒸糕，有的还包粽子。

八月半女婿要给岳父岳母送礼，徒弟要给师傅送礼，俗称“送八月半”，礼品一般为月饼或其他营养品。

中秋节

重阳节

农历九月初九为重阳节，俗称“九月重阳”。旧时，九月重阳有上永康方岩拜胡公之俗，俗谓“上方岩”，意为求吉祥。武义人过重阳节还是比较热闹的，据清嘉庆《武义县志》卷三记载，那时“人家蒸米做五色糕，佩萸泛菊，士人或具酒榼游山，谓之登高”。重阳吃糕，“糕”与“高”谐音，以讨“步步高升”“人人高寿”之彩。

重阳节

二十四节气

一、立春

春为岁首，立春乃春之首，故民间有俗语云：“年大不如春大。”立春日，宜讲吉利话，忌吵嘴、打架，尤其是交春时刻，更应慎重，俗语曰：“保得立春好，一年自然好。”立春日习俗主要有迎春接福、探春采春、迎春牛等。

迎春接福　立春日，旧俗要门贴“迎春接福”横批，插新鲜竹叶枝丫，放鞭炮，以示春天已到。立春时，迎春放鞭炮要抢早，谓谁迎得早，春神就把福赐给谁。

探春采春　立春日一大早，人们结伴出郊踏青，领略春光，谓之“探春”。采集冬青树枝或竹枝，松柏，或下地拔青菜，谓之“采春”。

清嘉庆《武义县志》卷三记载，古时春前一日“知县率僚属，具仪仗、吹鼓，迎春东郊，设芒神、土牛于八素门。官僚向东迎拜序坐，饮春酒毕，秩卑者居先，以次乘肩舆迎归，置芒神、土牛于先门东，明日按时早、晚祀太岁，鞭春牛，邑人竟取碎牛土块，归置猪圈中，谓为牲畜肥腯之徵”。

迎春牛 旧时有立春日“迎春牛”的风俗，用竹篾扎成牛的形状，糊上彩纸，披红挂绿，脚下装上小轮子，即“春牛”。叫一个乞丐装扮成“牧牛太岁”模样，“牧牛太岁”牵着“春牛”，其他人敲锣打鼓，执杖扛旗，绕村游行。

立春

贴《春牛图》 立春日，旧时民间有贴《春牛图》于中堂，作神供奉的习俗。《春牛图》画的是一头背负万年青的犍牛，旁边一个牧童手执柳枝，谓“牧牛太岁”。

二、雨水

雨水，是二十四节气之中的第二个节气，天气开始慢慢回暖，雨水渐渐增多，意味着进入气象意义的春天。此时，阳气上升，阴气下降，两气祥和便是生机盎然的春天。“雨水”过后，油菜、大小麦普遍返青生长，对水分的要求比较高。“春雨贵如油”，这时适宜的降雨对作物的生长特别重要。

在民间，雨水节气有出嫁的女人带上礼物回娘家拜望父母，女婿带上礼物给岳父岳母“接寿”的好传统。

三、惊蛰

惊蛰不是“节”而是“气”。民间有听雷以卜一年丰歉之俗。民间有谚语“惊蛰过，暖和和”。意思是过了惊蛰，天气就开始一天天暖和起来了。

雨水

惊蛰

四、春分

春分又叫社日，即“春社”，农家要炒豆炒米胖（炒米的俗称）吃，武义有俗话说：“社日不炒豆，死人冇人候。社日不炒胖，死人冇人葬。”

社日，古时候春、秋两个社日，为农家祭社祈年的日子。春社祭神，秋社祭五谷神。

凡家中有人过世的，第一年春社时须“上坟”，称为“祭社”。祭社时，出殡送过葬的亲戚朋友都要请来参加，要备猪头、鹅，每户放一筒火炮。

五、清明

清明节，旧俗亦称“祭祖节”、聪明节等。旧时浙中有插杨柳、戴野花、做清明馃、扫墓祭祖等俗。

春分

插杨柳 俗传，春秋时期晋人介子推抱住柳树而焚死于绵山，后世则在此寒食日和在门上插柳枝，以志纪念。如今寒食之俗已不见传，唯插柳之风尚在一些地方遗存，于此日采柳枝若干，除插于门上，有的尚植于门前屋后、水旁路边，俗谓此日插柳最易成活。也有的小孩采柳条扎帽圈戴于头上。

戴野花 旧时农家小孩多于此日到草籽田采集草籽花（草籽，学名紫云英），用丝绒结成花球，佩戴胸前，俗谓此能聪明伶俐。也有的小孩头戴葱头、豆花和竹叶的，谓之能聪明、目锐和避邪祸。

做清明馃 农家习俗，清明前妇女小孩到田畈剪青蓬回家，用沸汤焯瘪后浸于水中，滤去苦味，然后琢细、揉入面中，以做清明馃。清明馃有咸（多为鲜肉、煎豆腐炒萝卜丝），也有甜（多为红糖或红豆拌糖）。形状也较多，有畚斗形的，谓“畚斗馃”，讨现成有畚之彩。有圆形的“扭花馃”，也有薄圆形的“印花馃”（俗称“印馃”），即取面团，内包红糖，压入特制馃模中印制出来，厚约1.5厘米，直径6至7厘米，外圈呈齿状，上下印花，或上下均为圆形的花样，或上为圆形的双喜，下为圆形的花样，印馃做得较少，主要用以上坟时的摆盘。也有的做成家畜家禽的形状，有羊、有猪、有狗、有鹅、有鸡等，不论何状，通称为“清明馃”。

上坟扫墓　清明素有上坟扫墓之举，俗称“祭清明”或“祭坟”。祭清明日子各地有异，有的地方清明日不祭坟，必须在清明日前几天上坟，有的地方却一定要在清明日上坟。

祭清明时，先要给祖坟“加土”，即用畚箕取土添加在祖坟之顶。在坟顶插坟龙，意为给祖宗送伞。在坟顶、坟额、坟手上压“利市”，各取一张利市折成三折，用小石块压住，意为给祖宗送布做衣。然后在坟前摆出清明馃、煎豆腐、酒、饭、肉（有的用猪头、鹅），肉上要插三支筷子，放一把菜刀，还要一株连根的生大蒜、一张三月青菜叶（沸水焯过一下），有的还要用竹笋。但也有的地方不准用竹笋，说是用了竹笋祭清明，以后出生的子孙会患“笋臭”（腋臭的俗称）。现在还用水果、糕点，有的还有鲜花。摆好祭品就点起香，所有参加的子孙各手持清香向祖坟弯腰叩拜，拜毕把香插在坟前的一侧，接着烧利市锡箔（俗意为祖宗送钱）。放火炮时，先放小火炮，再放大火炮。祭毕，小孩子可以分享清明馃，别家的小孩也可以来讨“清明馃”吃。最后收拾祭品离开。所有的祖

清明

坟都要到过，全用同样的程序祭祀。

新坟第一个清明节前要行“祭社”，祭社要在社日前进行，社日一般在立春后第五个戊日。岁时广祀、二社日：“《统天万年历》曰：立春后五戊为春社，立秋后五戊为秋社。”农村对社日不很讲究，一般在清明节半个月前就行祭社。祭社的程序方法与祭清明相同，不同的是，祭品必须要有猪头、鹅。

修整古墓、墓道植树、竖碑立铭、墓道改向、迁坟等，多选清明日进行。

中华人民共和国成立后，党政机关和事业单位的工作人员、学校的青少年多于清明日前往革命烈士墓园进行扫墓活动。

祭祖 旧俗，清明要祭祖。浙中祭祖有家祭、墓祭及祠祭三种。祠祭为合族行祭，宗祠开门，男女老少聚集一堂，共祭族祖，祭礼用全猪、全羊、全鸡三牲及诸类时果。祭毕，子孙分享馔馀，设宴招待族人。场面盛大，仪式隆重。座席上，位序不论老幼，以辈为序，不分贫富，小者执壶。族中有欲科以族规者，也多于此日由族中年长辈高者，及诸有声望者合计商定，当即逐出宗祠。村中有冤屈纠纷，需族里裁定者，也多于此日击祠以告。新中国成立后，此俗已除。如今祭祖多行墓祭（前面所述的祭清明）和家祭（每家每户备一桌斋饭祭拜祖宗。）

抢青 旧俗清明日一大早，各养牛户纷纷牵牛出栏，觅草而牧，以谁家最早为最吉利，俗谓“抢青”。有的地方牛抢青可以让牛进入草子田吃草子，不论谁家的田都可以，被吃草子户也不嗔怪。俗谓耕牛此日吃过青草后，能强壮清健。清明后，耕牛的饲养也由室内栏养转为野外放养。

踏青 旧时，文人学士有在清明日出郊踏青之俗，踏青即春游。新中国成立后，各地学校大都要于清明前后组织师生赴风景名胜春游，游览祖国大好河山，进行爱祖国、爱家乡主题教育。

祭五谷神 清明过后，春耕即将开始，农家忙于翻晒谷种、修制农具、点播大豆等。为祈谷物丰收，有的地方旧俗要于清明日备置三牲福礼，焚香点烛，祭祀五谷神，俗称“许愿”。俗谓许过愿的农家，能保耕作顺利，谷物生长良好，获得丰收。

六、谷雨

农谚有“吃过谷雨饭，天晴落雨出田畈”，意为农忙季节即将来临，应开始田作准备。民间认为，若谷雨这一天天落大雨，将有利于农业生产。因此，在这一天清晨，旧时，农民要点香三拜，一拜天公“赐雨”，二拜天公“降雨”，三拜天公“谢雨”。要是不落大雨，父母则嘱孩童到露天的明堂天公下拍手招雨，口念：“天雨快淋淋，五谷早丰登，拍手招谷雨，谢天又谢地。”俗语“清明要晴，谷雨要阴（雨）”“谷雨是旺汛，一刻值千金”至今流传于民间，就是这个缘故。

谷雨

七、立夏

《武川备考》卷四记载：“立夏前后，择日种田，谓之开秧门……”割芸苔（油菜）取子榨油，割麦尝麦祀先。

民间谚语“立夏不下雨，犁耙高挂起”，立夏期间最好是下雨。根据农民朋友的经验，立夏如果不下雨，可能就会出现干旱的天气，干旱无水，就无法耕作种田，犁耙就只能高高挂起，用不上了。

立夏

立夏日，民间习俗要吃红枣、桂圆煮鸡蛋，吃豌豆烧肉、竹笋烧肉。有的地方吃豌豆饭或豌豆汤，汤里放两只鸡蛋。俗信立夏日一粒豌豆值只蛋，吃一个蛋等于吃一只鸡，“很补”。吃笋是为了“接脚骨”。旧俗，此日忌坐门槛，否则脚骨要酸。

旧俗，立夏日各地乡村悬大秤称人，谓称后不会“疰夏”。称时秤锤只能从内向外推，不能向内推，即只能加重，不能减轻。称得斤数逢九，要加一斤，因为九是尽头数，不吉利；逢百也要加一斤，因为百斤为担，谐音“上当”，也不吉利。

八、小满

小满是二十四节气中的第八个节气——小满的到来，寓意着降雨增多，且雨量较大，小满是反映降水的节气，小满过后，逐渐进入大幅降水的雨季。该节气是指夏熟作物的粒籽开始灌浆饱满，但还未成熟，只是小满，还未大满。

小满这个节气，在南方地区有祭蚕的习俗。古代的显贵都喜欢穿蚕丝衣服，因此养蚕业在南方非常兴盛，尤其是在江浙一带更加明显。但是，

小满

古时候蚕还是比较难养的，对环境、食物的要求都是比较高的。而农历四月正是放蚕时节，又逢小满这天为蚕神诞辰，因此江浙一带的百姓便把小满这天定为祭蚕节，祈求自家的蚕有个好收成。

民间百姓针对小满的节气总结出了相关的民谚“小满小满，麦粒渐满”“小满天天赶，芒种不容缓”等，还有民谚“立夏到小满，种啥都不晚”，意为这段节气种什么东西都为时不晚。

九、芒种

芒种的字面意思是“有芒的麦子快收，有芒的稻子可种”。芒种节气的到来，预示着农民开始了繁忙的田间劳作，忙着收，又要忙着种，进入了大忙季节。再加上“芒种”与“忙种”谐音，因此“芒种”又叫“忙种”，是一个典型反映农业物候现象的节气。芒种的气温显著升高，雨量比较充沛。

浙中一带有民谚“芒种前后，样样凑着”，意思是季节到了芒种前后，什么都可以种了。

芒种

十、夏至

夏至这个时候，我国大部分地区气温较高，日照充足，农作物生长很快，此时的降雨对农业产量影响很大，故有“夏至雨点值千金”的说法。

夏至日，浙中武义旧俗要祭田公田婆，束草立标于田，准备酒肉祭之，以祈谷物丰收。

夏至

十一、小暑

暑，表示炎热的意思，小暑即小热，还未十分热。意思是天气开始炎热，但还没到最热。这个节气的农作物进入了茁壮成长的阶段，需要加强田间管理。

小暑是人的身体阳气最旺盛的时候。“春夏养阳”，所以人们在工作劳动的时候，要注意劳逸结合，保护人体的阳气。紧接着到来的就是一年中最热的大暑，民间有“小暑大暑，上蒸下煮”之说。炎热的气候，出汗多，消耗大，再加上劳累，人们更不能忽视对身体的养护。

小暑，民间有饮伏茶、晒伏姜、烧伏香等习俗，还有晒衣物书画、防霉防蛀的习惯。

小暑

十二、大暑

大暑，是夏季最后一个节气。与小暑一样，大暑也是反映夏季炎热程度的节令，而大暑表示天气炎热至极。中国古人将大暑分为三候：“一候腐草为萤；二候土润溽暑；三候大雨时行。”大暑节气正值“三伏天”里的“中伏”前后，它是一年中日照最多、气温最高、雷暴频繁、雨量充

大暑

沛的节气，是万物狂发、农作物生长最快的时节。同时，很多地区的旱、涝、风灾等气象灾害也最为频繁。人们抢收抢种、田间管理、抗旱排涝、防抗台风等任务很重。

大暑节气，天气湿热，很容易导致身体受潮而湿气过重，养生既要懂得防暑降温，还要着重祛湿。民间有晒伏姜、喝伏茶、烧伏香的习俗。

在浙江椒江葭沚一带，还有送“大暑船”等习俗。这是葭沚街人最隆重的节日。沿街的居民清理门前杂物，备好茶水点心，等候送“大暑船”的队伍。青壮年纷纷争着抬船，轮不上的便一路跟着，等着接班。敲锣打鼓开道时，八个壮汉手执钢叉两旁护持，再是四人抬的香亭和台阁方阵，童男童女扮成八仙等各种各样的人物坐在上面，舞龙、舞狮、腰鼓、管弦乐，一队紧跟着一队。走在后头的便是香客，他们奉着香火，虔诚地祈祷着风调雨顺、家人平安。

十三、立秋

立秋是秋天的第一个节气，标志着孟秋时节的正式开始，一般预示着炎热的夏天即将过去，秋季即将来临。秋季是天气由热转凉、再由凉转寒的过渡性季节。

立秋这一天最好是晴天，浙中民谚“雷打秋，冬半收”，“立秋晴一日，农夫不用力”。这是说立秋日如果听到雷声，冬季时农作物就会歉收；如果立秋日天气晴朗，整个季节就会是天晴为主，在农忙收获季节农民会轻松省力很多，可以风调雨顺地过日子。此外，还有“七月秋样样收，六月秋样样丢”，也就是说，农历七月立秋，五谷可望丰收；如果立秋日在农历六月，则五谷不熟，必致歉收。

立秋是古时“四时八节”之一，民间有祭祀土地神，庆祝丰收的习俗。土地神，又称土地公、土地爷，形象多为衣着朴素、平易近人、慈祥可亲的老者，一般在土地庙中除供奉土地爷外，还有土地奶奶陪祀。在传统文化中祭祀土地神即祭祀大地，祭祀土地神的日子多数为农历“二月二”，这一天是土地爷的诞辰，而在“立秋”祭祀土地神，意在感谢大地恩赐、感谢土地神护佑，取得好收成，表达丰收喜悦。

立秋

十四、处暑

处暑，是二十四节气中一个反映气温变化的节气，处暑的“处”是指“终止”，到了处暑，夏天的暑热正式终止，意味着进入气象意义的秋天。

处暑之后，秋意渐浓，正是人们畅游郊野、观光赏景的大好时节。处暑过，暑气止，就连天上的那些云彩也不像夏天大暑之时浓云成块，而是显得疏散而自如。民间自古以来就有“七月八月看俏云”之说，其间就有“出游迎秋”之意。

处暑的民俗活动很多，如开渔节、拜土地爷、煎药茶、吃鸭子、放河灯等。

开渔节 对于沿海的渔民来说，处暑以后是渔业收获的一个大好时节。在浙江省沿海一带，每年处暑节气，东海休渔结束的那一天，都要举行一年一度的盛大开渔仪式，欢送渔民开船出海。

拜土地爷 处暑节气正值农作物收成时刻，农家纷纷举行各种仪式来拜谢土地爷。有的杀牲口到土地庙祭拜，有的把旗幡插到田中央表示感恩，还有的这一天从田里干活回家不洗脚，恐怕把到手的丰收洗掉。

处暑

煎药茶 每当处暑期间，家家户户有煎凉茶的习惯，先去药店配制药方，然后在家煎茶备饮，意谓入秋要吃点“苦”，对清热、去火、消食、除肺热等方面颇有好处。

吃鸭子 鸭子全身都是宝，老鸭味甘性凉，具有滋阴养胃、利水消肿的作用。乌骨鸭药用价值更大，结核病患者可以减轻潮热、咳嗽等症。老母鸭能补虚滋阴，对久病体虚者或虚劳吐血者均有补益作用，因此民间有处暑吃鸭子的传统。

鸭子的做法也五花八门，有白切鸭、柠檬鸭、子姜鸭、烤鸭、荷叶鸭、核桃鸭等。

喝酸梅汤 民间有谚语“处暑喝点酸梅汤，全身火气都退光”，这个季节，俗信喝点酸梅汤有利于消火退热。

放河灯 民间放河灯是为了普度水中的落水鬼和其他孤魂野鬼。河灯也叫“荷花灯”，一般是在底座上放置一座灯盏或者是蜡烛，中元夜放在江河湖海之中，任它自由漂流。

十五、白露

白露，是二十四节气中反映自然界寒气增长的重要节气。由于天气逐渐转凉，白昼有阳光尚热，但傍晚后气温便很快下降，昼夜温差较大。白露基本结束了暑天的闷热，寒生露凝。古人以四时配五行，秋属金，金色白，以白形容秋露，故名“白露”。

这会儿农民忙着收获庄稼，正所谓“抢秋抢秋，不抢就丢”。白露期间的各地民俗，主要有祭祀大禹，感谢大禹王带来风调雨顺好收成；还有酿五谷酒，喝白露茶等。

十六、秋分

秋分的到来，预示着秋意渐浓，进入凉爽的秋季，而后气温逐渐降低，越发寒冷。

古籍《春秋繁露·阴阳出入上下篇》中说：“秋分者，阴阳相半也，故昼夜均而寒暑平。”秋分之“分”为“半”之意。“秋分”的意思有二：

白露

秋分

一是昼夜时间均等；二是气候由热转凉。

在秋分节气里，各地有许多不同的风俗活动，秋祭月、吃秋菜、送秋牛、粘雀子嘴、放风筝、竖鸡蛋、做面雀吃等。其中流传最为广泛的是“祭月”，最有乐趣的当数“竖鸡蛋”活动。

古时有“春祭日，秋祭月”的民俗活动，秋分曾是传统的“祭月节”。不过由于这天在阴历八月里的日子每年不同，不一定都有圆月，所以后来就将“祭月节”由“秋分”调至农历八月十五。南方人在中秋晚上“拜祭月神”的习俗，就是从最初的秋分“祭月节”演变而来的。

祭月这一古老的习俗，实际上是古人对“月神”的一种崇拜活动。古代的“秋暮夕月”，夕月，即祭拜月神。设大香案，摆上月饼、西瓜、苹果、红枣、李子、葡萄等祭品，在月下，将“月神”牌位放在月亮的那个方向，红烛高燃，全家人依次拜祭月亮，祈求福佑。

“秋分到，蛋儿俏”。在每年的秋分这一天，很多地方都会有不少人在做“竖鸡蛋”试验，即在平整的桌面上，让鸡蛋立起来。

十七、寒露

寒露，表示秋季时节的正式开始，寒露的到来，意味着此时气温比“白露”时更低，露水更多，气候由凉爽逐渐转入寒冷，甚至下雪，对秋收十分有利。

寒露

寒露时节，古时有登高、赏菊、饮菊花酒等习俗。

登高，因为重阳节在寒露节气前后，宜人的气候十分适合登山，因此登高也成了寒露节气的习俗。登高也寓意高升、高寿。

赏菊、喝菊花酒，因为寒露与重阳节接近，这个时候正值菊花盛开，人们不仅赏菊，而且为除秋燥，有的地方还有喝“菊花酒”的习俗。

寒露

十八、霜降

霜降，是秋季的最后一个节气，意味着冬天的开始。这时天气渐冷、初霜出现，昼夜温差变化较大。浙中一带种的番薯要及时收回来，不然，受了霜冻就容易腐烂。

浙中武义民间有谚语“霜降不降，廿日稳当”，意思是霜降这天还不见霜，在近二十日里就基本上不会有霜，这是农事经验之谈。

霜降节气，民间有吃红柿子的习俗。有句老话说“霜降吃点柿，不会流鼻涕”。意思是：霜降吃柿子，冬天就不会感冒、流鼻涕。有人解释说：“霜降不吃柿，整个冬天裂嘴唇。”加上柿子一般是在霜降前后完全成熟，这时候的柿子皮薄肉鲜味美，营养价值高，非常受大家的追捧。

但是，柿子尽管好吃，也不能多吃，尤其不能空腹食用。民间有空腹多吃柿子体内会长“结石”的说法。

霜降

十九、立冬

立冬，是农历二十四节气之一，也是中国传统节日。立，为开始之意，表示冬季自此开始；冬是终了的意思，有农作物收割后要收藏起来的含意。立冬，意味着生气开始闭蓄，万物进入休养、收藏状态。其气候也由秋季少雨干燥向阴雨寒冻的冬季气候转变。

立冬后，日照时间将继续缩短，正午太阳高度继续降低。冬季多为东北风和北风，气温逐渐下降，由于地表贮存了一定的热量，所以一般初冬时期还不是很冷；但随着时间的推移，强冷空气频繁南下，并越过南岭，天气越来越冷。

“春生、夏长、秋收、冬藏”，冬季是享受丰收、休养生息的季节，立冬在古代社会是民间“四时八节”之一，作为重要的节日来庆贺。人们一般都要在立冬举行祭祀、饮宴等活动，有进补以度严冬的食俗。

立冬1

立冬2

二十、小雪

小雪，是二十四节气中的第二十个节气，是反映气候特征的节气。小雪节气中说的“小雪”与日常天气预报所说的“小雪”意义不同，小雪节气是一个气候概念，它代表的是小雪节气期间的气候特征；而天气预报中的小雪是指降雪强度较小的雪。小雪节气是寒潮和强冷空气活动频数较高的节气。

古籍《群芳谱》中说：“小雪气寒而将雪矣，地寒未甚而雪未大也。”其意思是，“小雪”节气由于天气寒冷，降水形式由雨改为雪，但此时由于“地寒未甚”，故雪量还不足，因此称作小雪。进入这一节气，我国广大地区西北风开始成为常客，气温下降。

小雪后气温急剧下降，天气变得干燥，是加工腊肉的好时候。民间素有“冬腊风腌，蓄以御冬”的习俗，一些农家开始动手做香肠、腊肉，把多余的肉类用传统方法储备起来，等到春节时正好享受美食。

在浙中，还有农历十月吃麻糍的习俗。麻糍是南方地区流行的美食，最早是农民用来祭牛神的供品。

小雪

二十一、大雪

大雪节气与小雪节气一样，反映了气温与降水的变化趋势，是农耕文化在节令上的反映。节气大雪的到来，意味着天气越来越寒冷。

古人之所以将这个节气命名为“大雪”，是因为“雪”是水汽遇冷的产物，代表寒冷与降水。“大雪”反映的是这个节气期间的气候变化，寒流活跃、气温下降、降水增多，并不是表示这个节气期间会下很大的雪。

到了大雪节气，民间自古有腌肉、进补的习俗。

大雪节气一到，许多地方家家户户忙着腌制鱼、肉等“咸货”，将炒过的花椒盐涂抹在鱼、肉和鸡、鸭内外，反复揉搓，直到肉色由鲜转暗，表面有液体渗出时，再把肉连剩下的盐放进缸里，用石头压住，放在阴凉背光的地方，半月后取出，挂在朝阳的屋檐下晾晒，以迎接新年。

大雪是“进补”的好时节，素有“冬天进补，开春打虎”的说法。冬令进补能提高人体的免疫功能，促进新陈代谢，使畏寒的现象得到改善。冬令进补还能调节体内的物质代谢，使营养物质转化的能量最大限度地贮存于体内，有助于体内阳气的升发，俗话说“三九补一冬，来年无

大雪

病痛”。此时宜温补，助阳、壮骨、养阴益精。冬季食补应供给富含蛋白质、维生素和易于消化的食物。

俗信小雪大雪季节应该下几场大雪，否则对农业生产不利。有句农谚“小雪无雪大雪补，大雪无雪农民苦”，下雪少包含了四层意思。一是预示着明年雨水非常稀少。这是古代农民通过长期的农业生产实践总结出来的一条规律，有前瞻性、现实性，能够督促农民加紧兴修水利，保障农田灌溉，提高抗旱能力。二是预示这个冬天将是一个暖冬，雨水稀少气温偏高，对小麦生长非常不利。正如武义民谚所云：“小雪大雪不见雪，小麦大麦麦粒瘪。”三是冬季气温高，病菌害虫能够安全地越冬，不会冻死冻伤，将会给明年病虫害留下活口，对病虫害防治非常不利。四是对小麦地土壤墒情非常不利。因为冬天雨水稀少，土壤干燥，小麦墒情低。

下雪天对于孩子们来说是最快乐的，他们三五成群地聚集在一起，打雪仗、滚雪球、堆雪人，在门前塑起大大的雪人，用黑炭给雪人镶上眼睛、鼻子，用红纸贴上红嘴唇，还拿出家里的笠帽给雪人戴上。

二十二、冬至

冬至，既是二十四节气之一，也是中华民族的一个传统节日。自古有“冬至大如年”的说法，宫廷和民间历来十分重视。

据记载，周秦时代以冬十一月为正月，以冬至为岁首过新年。冬至又被称作“小年”，一是说明年关将近，二是表示冬至的重要。汉代以冬至为“冬节”，官府要举行祝贺仪式，称为“贺冬”，官方例行放假，官场流行互贺的“拜冬”礼俗。唐、宋时期，冬至是祭天祀祖的日子，皇帝在这天要到郊外举行祭天大典，百姓在这天要向父母尊长祭拜。明、清两代，皇帝均有祭天大典，谓之“冬至郊天”。

冬至是养生的大好时机，“气始于冬至”，从冬季开始，生命活动开始由衰转盛，由静转动。此时科学养生有助于保证旺盛的精力而防早衰，达到延年益寿的目的。

各地在冬至有不同的风俗，形成了独特的节令饮食文化。北方大多数地方冬至吃饺子，每年冬至这天，不论贫富，饺子是必不可少的节日饭；南方的冬至美食则更是丰富。

在浙中地区，家家户户舂麻糍，做米馃，还要祭拜祖宗。

冬至

二十三、小寒

小寒，是二十四节气中的第二十三个节气，寒，即寒冷，小寒表示寒冷的程度。小寒以后，开始进入寒冷季节。冷气积久而寒，小寒是天气寒冷，但还没有到极点的意思。

俗话说“冷在三九”，“三九”多在阳历1月9日至17日，也恰在小寒节气内。

民间有食“菜饭”“糯米饭”等习俗。

二十四、大寒

大寒，是二十四节气中的最后一个节气。如同小寒一样，大寒也是表示天气寒冷程度的节气，是天气寒冷到极致的意思。但根据长期以来的气象记录，在北方地区大寒节气是没有小寒冷的；但对于南方大部地区来说，最冷是在大寒节气。这时寒潮南下频繁，风大，低温，地面积雪不化，呈现出冰天雪地、天寒地冻的严寒景象。

大寒节气农活很少，北方的老百姓多忙于积肥，为开春做准备，或者加强牲畜的防寒防冻；南方地区则仍加强小麦及其他作物的田间管理。人们常以大寒气候的变化预测来年雨水及粮食丰歉情况，便于及早安排农事。如“大寒天若雨，正二三月雨水多”“大寒不寒，人马不安”“大

小寒

寒白雪定丰年”。

大寒节气，与岁末重合，除干农活顺应节气外，还要为过年奔波，置办年货、腌制腊肠腊肉、煎炸烹制鸡鸭鱼肉等各种年肴，掸尘洁物搞卫生、写春联，准备各种祭祀供品，祭祀祖先、神灵，以祈求来年风调雨顺。

旧时，浙中武义会在大寒时节准备芝麻秸，到了除夕夜，将芝麻秸洒在路上，供孩童踩碎。“踩碎”谐音“踩岁”，为吉祥之意。且以“碎”与“岁”之谐音，寓意“岁岁平安”，求得新年好彩头。

大寒

小寒大寒，是一年当中最寒冷的季节，有民间谚语“小寒大寒，冻成一团”。但每年的天气有差异，有的年份小寒并不冷，预示着大寒要冷，故又有“小寒不寒大寒寒”的谚语。民间根据小寒大寒的冷暖，可以预测来年的天气，民谚“小寒大寒寒得透，来年春天天暖和”。一般小寒大寒天气晴暖，往往预兆明春天气寒冷。

在寒冷的大寒季节，连续的雨雪天气，使农家屋檐下挂起又粗又长的冰柱，这对于浙中一带平日里少见冰冻的孩子来说，是件既新鲜又好奇的事，孩子们会叫大人拿来长长的竹竿，把高高挂在屋檐下的冰柱敲下来，捧着玩，甚至当棒冰吃。

大寒是中国二十四节气中的最后一个，过了大寒又立春，即迎来新一年的节气轮回。

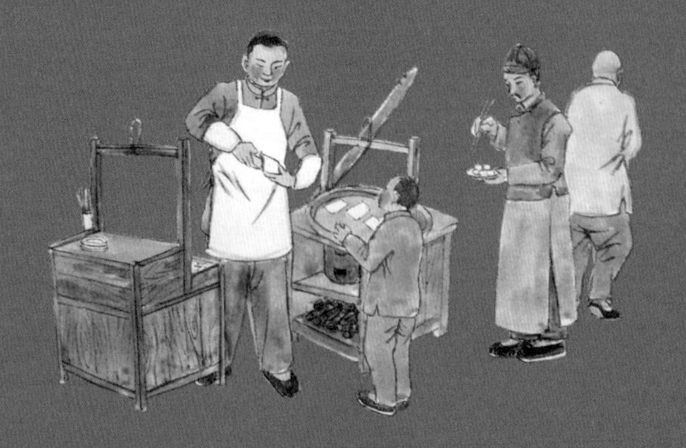

六　饮食篇

民以食为天，饮食是人类赖以生存的最基本条件，不同的生活环境造就了不一样的饮食习惯，不同的口感味蕾催生了不一样的美味佳肴，形成了各地特色鲜明的饮食文化。

不同食品的制作、买卖、食用，成就了许多特色的行当，给人留下了许多有趣的难忘记忆：

背上挑着“馄饨担”，“笃，笃笃笃”敲着竹梆，穿街走巷叫卖“馄饨”；肩上挑着“豆腐担”，嘴里喊着“豆腐呃！划豆腐呃！”叫卖“豆腐”；肩挑一双加盖的小箩筐，里面装着舂好的麻糍，沿街叫卖“麻糍”……

一大清早，来到巷口的临时小摊上，热气腾腾的“豆腐汤”、现炸烫手的“油条”、蒸笼里冒着的热气的“包子”“馒头”、香气扑鼻的现烤“肉麦饼”、糍糯香甜的“麻糍片”、糊糊的热粥、香香的羹……应有尽有，你来我往，此情此景，早已被干净整洁的早餐店、小吃店所替代，但在人们的记忆中，是一道难得的风景线，是永恒的乡愁烙印。

馄饨担

“笃，笃笃笃，笃，笃笃笃……”竹梆声自远而近，这个不知流传了多少代的声音，就是背着馄饨担走街串巷，卖馄饨招揽生意的方法，人们一听这竹梆声就知道是卖馄饨的来了。这馄饨担具体是什么样的？

那馄饨担结构奇特，独富情趣，两脚一横梁，呈“丌”字形，用毛竹做成，近一人高。前面一头是锅灶，灶上置一小锅，犹如单背椅子，齐腰高度，通常烧柴或炭，灶里的火总在隐约燃着。锅里的水总是热气腾腾地冒着小小水泡，下层放柴片。馄饨担后面一头放一只小木桶，盛放冷水、水杓；上面像一个橱柜，分成多格，最上面是有门的柜，里面放着餐具。另有数格抽屉存放馄饨皮子、肉馅、蛋丝、紫菜、调味品等，还有两格扁平小抽屉，放包好的生馄饨。馄饨担中间用两根竹管把前后连起来成了一个担子，用以肩挑。在空下来时，担主抓紧时间用一支细竹筷沾上肉馅、皮子包生馄饨备用。

馄饨担前装了一个梆子，也是用竹管做成，在竹管中开一条长槽，再用一条细硬木用以敲打竹梆，就会发出“笃笃笃”的清脆声音。一个人挑了这副担子到处走，成了流动的馄饨店。“笃笃”一敲，吃客闻声来到，现下现吃。

馄饨担

馄饨担虽不登大雅之堂，但极受百姓喜爱。它多在黄昏后出现，有时深更半夜还能听到梆子声。尤其是冬天的夜晚，饥肠辘辘的夜归人路过时，便会来上一碗，就着担前摇曳的灯光慢慢地吃。一碗香喷喷热气腾腾的馄饨端在手里，简直就是一只手炉，抵去不少饥寒，恰似雪中送炭。虽然不能吃饱，但一碗热腾腾的馄饨下肚，暖和了身子，舒缓肺腑。

豆腐汤担

从前，在浙中各地有一种挑着担子走街串巷卖豆腐汤的行当。

这担子俗称“豆腐汤担”。担子的一头是装豆腐花的木桶，木桶的盖子也是木头做的，木桶坐在一只有竹攀（两根把竹片削成约2厘米宽，用烟火熏烤折弯，安装固定在架子上当担绳的竹条。用竹攀当担绳，因竹攀是硬的，下担时不会软下来，可以避免担绳掉进装有豆腐汤的木桶里）的架子上，便于套扁担；另一头可就讲究了，那是一只精制的木柜子，底下放着水盆、碗筷和柴片，上面是一口鸳鸯锅，下面有炉子用柴片文火烧着，一半煮着豆腐花，一半煮着鲜汤，里面有小块肋条肉、肉骨头、粉丝之类。锅边放着大小不一的罐罐盆盆，有酱油、麻油、辣椒酱、味精、虾米、碎大蒜叶、香菜、紫菜以及胡椒粉等，应有尽有。一勺豆腐花，加一勺鲜汤，根据个人喜好配上香料辣味，美味又可口。每当有人挑着豆腐汤担，上街或串村行走叫卖时，那锅里不时冒着腾腾热气。人们只要看到那里有炊烟袅袅的担子，就知道是卖豆腐汤的人来了。村口大树下，街头巷弄口，是豆腐汤担常停歇的点，路过的行人常会喝一碗热气腾腾的豆腐汤。

卖豆腐汤就要做好豆腐花，这可不容易，全凭着经验和技巧。做一大桶豆腐花要用2斤左右黄豆。黄豆要先用水浸胀，大约浸12个小时，天热时间短、天冷时间长，再在清水里洗干

豆腐汤担

净。接下来就是要把黄豆用手推石磨磨成浆，推磨时要边加水边磨，加的水一定要是干干净净的水。磨出来的浓豆浆用豆腐袋滤去豆腐渣，倒在锅里烧开，然后舀到豆腐桶里冷却。到一定温度时，倒入适量的盐卤，这就叫点浆，这样豆腐花就基本做成了。

卖豆腐汤是小本经营，实际也是苦力劳动。每天半夜三更起床磨豆浆，做豆腐花；一大早出门跑街头，串村巷，要赚钱全靠手勤、脚勤、嘴勤。但想着能赚钱，还是开心又有劲的。20世纪六七十年代，3分钱一小碗，5分钱一大碗，一桶能有50多碗。当时一斤黄豆1角多钱，一桶豆腐花用2斤黄豆，一桶能卖到几块钱。当时生产队一天的收入也只有1至2角钱，所以豆腐汤担生意还是蛮红火的。

豆腐担

旧时浙中，每天清晨在城镇的街头巷尾，或村庄的弄堂阶沿都可以看到肩上挑着豆腐担，嘴里叫卖着“豆腐呃！划豆腐呃！”的妇女。

到城里卖豆腐的妇女是城郊村的村民，而在乡下村庄里转着卖豆腐的都是本村或邻村的村民。这卖豆腐的，一般每天做1至2闸豆腐。头一天傍晚把黄豆洗净用水浸泡，半夜三更起床磨浆做豆腐。做好后挑着豆腐担进城绕村一路叫卖。

豆腐担很简单，进城卖豆腐的担子，一般一头是用竹篾编成的专用豆腐箩，箩内放装着黄豆的袋子，上面一块方方的板墩上放一闸雪白的豆腐，用豆腐袱裹着，担头再挂一杆称豆腐的小秤，一只平底的竹编小豆腐篮。另一头一般就挂一只平时用的畚箕，洗洗干净，装上青菜、萝卜之类的蔬菜沉头，顺便出卖。农村里卖豆腐，一般就两只竹编豆腐篮，一根毛竹小扁担。有人叫买，随即停下，卖了豆腐又上路，直到卖完为止。

古时，农村家家户户种豆，过年过节一般都是各家各户自己做豆腐。平时要吃豆腐以豆换豆腐，有的地方每斤黄豆换二斤半豆腐，有的地方每斤黄豆只换二斤豆腐；城里人要吃豆腐时，也会用黄豆换豆腐，没有黄豆则用钱买。做豆腐卖的人家一般也是农村里养母猪的，把做豆腐留下的豆腐渣、酸浆水用以喂猪。

豆腐担

舂麻糍（麻糍担、卖麻糍片）

浙中民间，自古就有用糯米舂麻糍（糍粑）的习惯。很多地方冬至这天全村舂麻糍，也有的地方中秋节舂麻糍。很多地方结婚、盖新房的喜宴上就有这道“麻糍”美食。

舂麻糍时，先将糯米用水浸透，置蒸笼或饭甑里蒸熟，然后放石臼里用硬木锤子舂透（把糯米饭捣糊，吃起来细细腻腻的，丝毫没有饭粒的感觉），摘成小馃，以红糖或麻沙（芝麻粉加白糖）作馅，压扁即成，有的还要再染上芝麻糖粉。有的在麻糍刚舂出来时，趁热摘成小馃，装在碗里，浇上生姜汤吃，别有一番滋味。

舂麻糍，派生了卖麻糍片（和卖麻糍）。在农村卖麻糍的“麻糍担”一般就是两只加盖的小箩筐，里面装着舂好的麻糍，有包红糖的，也有包豆黄芝麻粉的，买者根据口味爱好选取。卖麻糍片的担子很讲究，是特制的，一头是木构的一个灶台，分上下两格，上格放着的炉子上面是一口平底锅，用文火烤着麻糍片；下格放柴片。另一头是一只分成多隔的木箱子，隔子里放着擀好的长方形麻糍片，带着红糖、白糖、豆黄芝麻粉。卖时，从锅里取出热腾腾的麻糍片，用特制的铲子铲开一道口子，根据需要塞进红糖或白糖，或豆黄芝麻粉，吃起来香甜可口，别有滋味。

麻糍担

舂年糕

浙中民间流传着“吃年糕，年年高”的民谚。所以，家家户户有舂年糕、吃年糕的习惯。

做年糕时，用粳米（或糯米）和籼米按三七比例浸透，磨成浆，滤干，掰成块状，置于蒸笼蒸熟，趁热舂成团，压制成条状（也有饼状的），晾干，浸于水中。要吃时，从水中捞出，切片或煮或炒，可甜可咸。

舂年糕1

舂年糕2

裹粽

农历五月初五端午节，浙中民间，家家户户都有包粽子过端午的习俗。包粽子，俗称“裹粽”。据传始自屈原投汨罗江后，人们为免鱼鳖伤害屈原身体，便以箬叶包饭，投之于江喂鱼鳖的故事。农历四月底，农家便上山采摘箬叶。到了端午节，家家户户清洗箬叶，浸泡糯米，煮捣赤豆，包裹粽子。

端午粽有咸粽和甜粽两种。咸粽是在糯米中加少许盐，粽馅为一小块肉和三四颗黄豆或一二粒咸笋干之类，更多的是肉加少许干菜。粽子多为三角形。也有的包成方枕形，俗称“床眠头粽”。现在条件好了，在包床眠头粽时，里面放的不是一小块肉，而是一小条肉或一段排骨，加入香辣佐料，味道更加鲜美。还有的在糯米中拌入赤豆，一起浸透包粽，赤豆的紫红色与糯米的雪白色形成鲜明对比，俗称“赤豆粽”或“花粽”。

甜粽的包裹方法较之于咸粽有些差异，不同之处主要是浸糯米，咸粽糯米用清水浸泡，而浸甜粽糯米是取当地野生的黄

裹粽

荆柴嫩叶煎汁，渗入水中浸，或烧稻草灰滤水浸，所浸的糯米不但颜色微黄，而且有一股清香味。甜粽多为赤豆馅，俗称“豆沙”，即把赤豆焐熟捣烂加糖，或用糯米与麦粒炒熟后磨粉，加水拌在一起，揉成小团，塞进其中即为馅，包甜粽多用刚采下的新鲜箬叶，外观颜色青绿，剥开箬叶，一股清香沁入心脾。甜粽馅比较大，所以包的粽子也比较短，不像咸粽，把粽尖包得长长的。

炸油条

油条是中华传统美食，流传非常广。在浙中地区，可以说每个集镇、每个县城都有好多家卖炸油条，配以豆浆、米粥等早点的早餐店。

炸油条首先要将面粉和水按照一定的比例，加入适量油条粉（旧时用明矾）和成面团，然后放在热炕上发酵。等面发酵好了，将面擀成约10厘米宽的长条片，再用刀切成差不多1厘米宽的

炸油条

面条，并用手在上面轻轻一按，再把两条用刀切过的面条叠在一起，用筷子压一下，压出一个凹槽，再稍微一拉，放进热气腾腾的油锅里炸。不一会儿，油条就从锅底浮了上来，这时用一双特制的大筷子翻滚油条，等油条从乳白色变成了淡黄色，又变成了金黄色，慢慢地变胖了，变长了，就要麻利地用大筷子夹起油条架在铁网篓上滤油，又香又脆的油条就炸好了。

爆米花

说起爆米花，必能勾起不少“70后”“80后”的童年记忆。因为那是爆米花最流行的年代，而且使用的“大炮手摇爆米花机”就是中国最传统的爆米花机器。很多人觉得只有这种机器爆出来的爆米花才是最香的，别的任何工具都做不出这种“儿时的味道”。

爆米花最早出现在浙中一带是1961年。这一年武义县桐琴公社东皋村的程明法，因一个偶然的机会，在上海见到了爆米花的制作。一向爱动脑筋、赶时髦的程明法，第一次看见爆米花感到异常惊奇。于是，他千方百计买回了一台二手“大炮手摇爆米花机”，马上开始了爆米花生意。到了第二年，永康也出现了爆米花生意。

爆米花

将玉米（谷物类都可以）放在“大炮筒”中，置于炭炉，手拉风箱加热，使得玉米处在高温高压的状态下，筒内的温度不断升高，且筒内气体的压强也不断增大。当温度升高到一定程度时，米粒便会逐渐变软，米粒内的大部分水分变成水蒸气。由于温度较高，水蒸气的压强是很大的，使已变软的米粒膨胀。但此时米粒内外的压强是平衡的，所以米粒不会在锅内爆开。

当“大炮筒”盖子被打开，玉米被突然释放在常温常压下，锅内的气体迅速膨胀，压强很快减小，使得玉米粒内外压强差变大，导致玉米粒内高压水蒸气也急剧膨胀，随着“砰”的一声巨响，瞬时爆开玉米粒，即成了爆米花。

切糖

在武义一带，流传着年关切糖，春节用以饷客的习俗。

切糖首先要准备糖油。旧时切糖时用的糖油都是乡民自己煎。新中国成立前多为番薯糖油，即番薯收成后，先放一段时间，增加糖分，将干瘪多糖的番薯洗净、煮熟，捣烂、滤渣，加入麦芽，熬制而成。新中国成立后，随着粮食生产的发展，乡民改用糯米煎糖油，比起番薯糖油更甜更爽口。现在乡民已经没有人自煎糖油切糖了，普遍到店里买葡萄糖油切糖。

切糖的工具很简单，只要一个用硬木制的糖闸、一个“麦滚擂”、一把菜刀和两块木方。

糖的品种较多，主要有发胖糖、米胖糖、苞萝糖、黄粟糖、番薯丝糖、米花糖、芝麻糖、豆黄糖、麻糍糖等。

切糖

结花

每到农历腊月，浙中城乡到处可以看见在阳光下用竹簸晒着一簸簸米制花结的场景。

手工制作这“花结”，俗称“结花”，是民间的传统美食。用糯米粉调匀加以糖或盐，调成甜味或咸味，用煮熟的芋艿去皮捣烂，和在一起拌成糕粉，以“捏则拢、放则散”为宜。然后置于蒸笼内蒸，蒸熟后揉匀（不粘手），擀成薄片，切成小方块，经过巧妙剪结，成立体花朵状，晒干，再用油炸酥。色美味香，酥脆可口，是浙中民间过年时节用来招待客人的上等茶点。

结花

起糕干

干糕，俗称“糕干”。多在年关制作，用籼米粉掺十分之一的糯米粉，把糖融化后倒入米粉内，加水拌匀搓散（湿粉状），倒入特制的蒸具，铺三四毫米厚，划成小方格，讲究的敷上芝麻和红绿丝，蒸熟，烘干即成。其味香甜松脆。

也有用苞萝粉和番薯丝粉制作的，米粉的俗称“米糕干”，苞萝粉俗称“苞萝糕干”，番薯粉俗称“番薯糕干”。

起糕干

炒货

炒货是商店里出售的如瓜子、蚕豆、花生、香榧、山核桃等干炒食品的总称，是人们喜爱的休闲食品。

传统炒货的加工方法，民间很简单，只要随意搭个临时灶台，支一口铁锅，放入清洗好的“炒砂”（其实就是颗粒稍粗的沙子）先烧火炒热，然后把经过晾晒、烘干的植物干果直接放在热锅里炒熟了就好。讲究的人家在炒制前浸泡添加各种味料再炒，炒出来的“炒货”味道更具口感。炒货含有丰富的营养，常吃对人体有好处。目前流行炒制五谷杂粮和各种干果药材混合粉碎养生膳。

炒货

烤麦饼

肉麦饼，是浙中民间的特色小吃，以面粉做皮，少许蓏菜或干菜加猪肉、葱为馅，放热锅里两面翻烤至熟，呈微黄色，吃起来味道鲜美。有的还打一个鸡蛋入内，烤熟更是香气扑鼻。人们还喜欢用四季豆或土豆丝加鲜肉作馅。

浙中人爱吃肉麦饼，街上“麦饼摊”随处可见。“麦饼摊”很简单，一只炭炉加口平底锅，一张长条桌或一块木板四条腿一撑就成面床，和好面团，准备好肉馅，即可开张。

烤麦饼

烤桶饼

从古至今，浙中各地随处可见街头摆着用木桶炭火烤饼的摊子，烤出来的饼就叫“桶饼”。

烤桶饼与烤酥饼的木桶炉是一样的，外表是用当地杉木箍制的木桶，内胆是一个陶罐，陶罐与木桶之间塞进了一些耐火材料。陶罐内生起炭火，桶饼就是贴在陶罐内壁上烤成的。

桶饼有两种，一种是圆形的，里面有馅，馅又有两种，霉干菜和肉的馅，葱和肉的馅。只是两种的烤法不一样——干菜肉馅的面皮烤得很松，很脆；葱肉馅的面皮则是软软的，完全不是

一个味道。另一种是长条的，叫烧饼或块头饼，里面没有馅，就是单单放了葱，有咸味。

桶饼的主辅料为面粉、夹心肉、霉干菜、面娘（已经发酵的面粉）；调味料有食盐、饴糖和芝麻少许。其加工程序为：

1. 面粉拌和成发面；

2. 夹心肉切粒加霉干菜（或加葱）和精制食盐，拌和入味成馅；

3. 发面内包入馅，收口捏拢，按扁，擀成圆饼坯，直径大约10至15厘米；

4. 饼坯正面刷上少许麦芽饴糖并洒上芝麻，反面刷上少许水，贴在炭火烧热的木桶炉内壁上；

5. 用炭火烧烤3至4分钟，待饼面金黄，香味溢出时，用特制铁钳钳出即成。

师傅抄起宽嘴桶饼钳揭开炉盖，准备往外夹饼。夹饼看似简单，其实又有一番功夫。首先，要看桶饼熟透的程度，那通体发胖，饼底边稍稍翘起的是刚好熟透的；其次，操控铁钳的两片嘴皮稍稍张开，一片嘴皮舔到饼

烤桶饼

底边轻轻地一铲，另一片嘴皮要及时衔拢，桶饼才不会掉入炉底，粘一身灰。如此反复将桶饼夹上炉面。刚刚出炉的桶饼，还冒着火气，饼皮金黄色，半焦的糖油闪着光亮；满天星一样的芝麻，既是香料，又是点缀。饼未入口，就觉色泽养眼，喷香扑鼻。

桶饼师傅接着去整理炉子。其实刚出炉的桶饼很烫，必须等它稍稍地冷却一下，再用一张小纸片，半包着烧饼递到顾客的手心。顾客必须先小心翼翼地在圆饼边上咬出一小口，再忍一口气，对着张开小嘴的桶饼吹，把里头的热气吹出一些，才可以放心地享用。好不容易等来的桶饼终于吃在嘴里，表皮松脆，内质软糯，麦香、肉香、葱香、芝麻香、糖油香，经高温烧烤熔成一气，咸淡适宜，油而不腻，再加上糖油淡淡的甜味，慢慢咀嚼，细细品味，真是享受!

如果是早餐，来一个肉馅的桶饼，再来碗豆浆或者豆腐脑，那味道真的是美极了。来一个里面没有馅的葱花块头饼，加一根油条就是绝配。要是再来一碗豆腐脑，光早餐就能吃到撑。

做豆腐

豆腐，是民间的常菜，浙中农村家家户户都会自做豆腐。

做豆腐，把黄豆用水浸透磨浆，用布袋（俗称“豆腐袋”）滤渣，豆浆在铁锅里烧开后装进豆腐桶（木制专用水桶），掌握适当的温度，加入少许盐卤，豆浆就结成雪白的豆腐花。把豆腐花取出，装在豆腐闸里（木制专用方形模子），内用浸湿的白细布（俗称“豆腐服”）包裹，加压滤水（俗称“榨豆腐”），水（俗称酸浆水）挤出后豆腐花结成块，豆腐即成，且外老内嫩，光滑可口。

豆腐的吃法很多，很讲究。日常主要的吃法有齑菜滚豆腐、油煎豆腐、油泡豆腐、豆腐干等。

做豆腐

豆腐圆

豆腐圆是浙中武义民间一种独具风味的特色小吃。

制作豆腐圆时，先把豆腐捏碎，混以半肥半精的猪肉丁，加适量的食盐捣烂，用汤匙盛一满匙，放在碗中滚动，滚成鸭蛋形的丸子，再放在盛有面粉（含有部分淀粉）的碗中滚动，让丸子外表滚粘一层面粉，这样放进沸汤水锅煮透，就能熟而不散。见丸子浮于水面，说明已经煮熟，即连汤盛出来，加以酱油、醋、姜丝、葱叶、蒜末、辣椒酱等佐料即成，鲜美可口。农闲或节日，人们就会自磨豆腐，做豆腐圆改善伙食。村里有剧团演戏时，就会有人在戏台边做豆腐圆卖，看戏人往往会买碗豆腐圆当点心，边吃边看戏。

豆腐圆

抽索面

土面，又称土索面、长寿面，纯手工制作，保持了面粉的醇香，口感爽滑细腻，是浙中的传统美食，已有上千年的历史，深受百姓欢迎。

土面制作，俗称“抽索面”。将麦面（面粉）、水、盐按照一定的比例先拌好，盐的多少是索面能否好的关键，10斤麦面一般加二两半盐。冬天天气冷，盐要适当少点，因为盐多了会影响韧性；夏天天气热，盐要适当多点。根据气温的变化，凭经验控制。

面拌好后，放在大的面缸用手工揉，面要揉得有弹性。面揉好，先发酵一下。在面床撒点干面粉，然后用棕刷刷匀，放上揉好的面团，用面杖擀成扁圆形，然后用菜刀依着面团的形状，一圈圈由外向内把面团切成条坯状。切好后，快速把面条坯搓成拇指粗的圆条状，然后一圈圈盘到早准备好的大木盆或大铁盆里，等着发酵。

面条发酵后，接下来把面条绕到索面指上。索面指是用一种叫箬竹竿的小竹子做的，大小匀称。上面条之前要先给索面指涂一下菜油，这样最后折索面的时候，索面指容易剥落。把两根索面指插在一木头上，把面盆放在下面，抄起面条，左右绕上去，绕的时候，顺手拉细面条。上好后，先放入上下三层的索面柜，再盖上草席，起保温和保湿的作用。

感觉时候到了，开始拉面，掀开草席，双手拿起索面指的上头，下头搭在索面柜上，一点点往上拉，粘在一起的面，用食指分开。拉好的面放到上下两层的拉面柜里，这样面条下面的索面指有重量，会自然地下拉，放一段时候后再拉一下，就可以背到外面，然后插到索面架上晒。索面架两边是柱子，中间一根梁，梁上有孔。插上索面指，然后双手拿起下头的索面指继续往下拉，拉好后，用两根细的箬竹做的拆面指（头上是尖的），慢慢穿过索面的上头，然后往下分，要有一定的幅度，使粘在一起的索面分开。

晒索面时如果太阳过大，索面容易弯曲不直，因此要用番薯丝帘遮一遮，这样索面就不会涨起来，直挺好看；另外，番薯丝帘也可挡风。索面折的长度一般28至30厘米，折好后用塑料绳扎好，放入包装箱或木桶。索面一定要晒干，不然容易返潮。

抽索面的时间一般为每年的农历八月到第二年的五月。端午节和中秋节，浙中民间有“送丈母”的风俗，送几斤索面是最实用的。

抽索面

酿米酒

浙中农村素有酿米酒的习惯。多数农家都要用坛、缸酿酒，数量不拘。酿得多的农家够喝一年，至少也得够农忙季节和招待客人之用。即使不喝酒的农家，也要酿过年酒，以供过年招待客人。米酒喝完了，许多农家还要用酒糟烧白酒（俗称“烧酒”）。农历十月，气温适宜，是酿酒的最佳时节，此时酿的酒俗称“十月水”，能久藏，不变质。

民间家庭酿制的酒多为“红粬酒”。糯米浸透蒸熟，根据天气冷暖，冷时须温，热时须凉，将糯米饭放入缸或坛中，按照需要加入水和红曲，拌匀。每斤糯米一般加两斤水一两红曲，有的为了酒“凶”点只用一斤半水。酿酒时要注意温度，太暖酒会发酸，太冷酒又会“冻缸”。发酵后用酒耙上下搅动几次，其液先甜后“凶”，一般一个月即澄清为酒。

旧俗酿酒须择吉日，一般以甲、乙、庚、辛之日为好，而丙、丁、戊、巳、壬、癸则忌；也有的避庚、辛之日，因“庚”与“羹”谐音，“辛”引申“酸”之故。做酒时，糯饭蒸熟后要盛一碗请灶君（俗称“锅灶爷爷”），再盛一碗给长者。

酿米酒1

酿米酒2

腊八粥

每年的腊月初八，俗为“腊八节”，这一天有喝腊八粥的风俗。

根据古籍的记载，在我国喝腊八粥始于宋代，至今已经有一千多年的历史。每到腊八的时候，官府朝廷、寺院和黎民百姓都会食用腊八粥。到了清朝的时候，每年的腊八节，雍和宫都会举行盛大的腊八仪式。喝腊八粥的风俗已经非常盛行，几乎所有人都会在腊八节当天食用腊八粥，一般文武大臣或者宫女

随从等被赏赐一些腊八粥。寺院也被发放一些米、果等食物，供僧侣食用。在民间家家户户都会自己熬煮腊八粥，用来祭祀祖先，以及合家团聚食用。同时，腊八粥也会作为一种馈赠好友的食物，用于馈人。

据传，喝腊八粥的习俗，最早来自于佛教，每年的农历腊月初八，正好是佛祖释迦牟尼成道的日子，所以古印度人为了不忘记佛祖在成道之前所承受的苦难，以及为了纪念佛祖悟道成佛的日子，便会在每年农历腊月初八这一天，使用一些杂粮煮粥作为纪念，后来，佛教传入了中国，在我国发展成为一个非常重要的宗教，在我国的很多寺院都会用果实熬粥来赐给信徒们。

如今，每年的腊八节，喝腊八粥已经成为了很多人的一种习惯。人们自己在家熬煮腊八粥，根据个人的口味喜好往粥里面添加一些不同的食材。各中医药店、寺庙都会熬上大锅大桶的腊八粥，供人无偿享用。

腊八粥

七 家事篇

日出而作，日入而息，吃饭喝酒，干活睡觉，做平凡的人，过随兴所至的生活，感受其中自有的满足，这就是人们所说的世俗生活。

就在这耕种劳作、砍柴割草、打猎捉鱼、烧饭做菜、缝补浆洗、吃喝玩乐等平庸无奇的世俗生活中，形成了许多约定俗成的生活习惯、生产经验、劳作技能、饮食风味与思维方式，规范着人们的行为，享受着丰收的喜悦和生活的快乐。

农家煮饭的方法多种多样，有“铁锅焖饭”“陶罐炖饭”“铜罐炖饭”“饭甑炊饭”等。但不论用什么炊具做饭，都有两种途径把“生米”煮成“熟饭”。一是把米淘洗后放入炊具，加入足够的水，直接烧煮，俗称“执水焖饭”；二是把米淘洗后放入锅里，加入较多的水，让米粒煮到七八分熟时，把米粒用笊篱把大部分捞出，留下的继续烧煮成粥，捞出来的俗称“水捞饭”，可以放到各种炊具里继续煮到熟透而吃。

饭甑是农家每户都有的常用炊具，选用当地的杉木，找“箍桶老师”箍制而成，由桶、屉、盖三部分组成，上口大，下口稍小，内设屉，置于三分之一高度处，屉板留缝、活动，可随意取下洗刷。饭甑大小不等，根据主家的使用需要决定。一般小户人家箍制得比较小，大户人家箍制得比较大，特别是有的用于筵席或酿酒炊饭的饭甑更大，可炊几十斤，甚至上百斤米。饭甑炊饭有两种：一是把“水捞饭”装入饭甑，置于锅中，锅内设适量水，煮至饭甑冒“大气”即可，这时趁热而吃，可谓香气扑鼻，

陶罐炖饭

饭甑炊饭

香甜可口；二是直接用渗透的米炊饭，置一层米先炊熟，再加一层米，直至完成，这种饭水分较少，饭粒灵清，吃起来特别有嚼劲，别有一种香味。

砍柴、卖柴

旧时，烧饭做菜、农村饲猪烧猪食都靠烧柴火，尤其是农村饲猪烧猪食特别费柴火，因此便少不了砍柴卖柴的行当。

农村烧柴火都是自己上山砍，一般都是凌晨起床开早工，上山砍一担柴火回家吃早饭，白天干农活。城里人烧柴火多为买来的柴火，所以旧时就有专门砍柴卖柴的人。农村好多人虽然不是专业从事砍柴卖柴，但有时家里买油盐酱醋缺钱，或买布做衣裳等缺钱，也会上山砍几担好柴火到街上卖，以贴补家用。

砍柴、卖柴

吹火筒

农家多以灶台生火烧饭。在烧火过程中，难免会有柴火烧完停熄的时候，这就需要重新起火。在擦石取火的远古时代，点火极为不便，即使到了火柴（俗称“洋火”）点火的年代，火柴也是十分宝贵的。于是，民间就有了“口吹火”的办法，即往灶膛里添加细碎易燃的柴火，利用灶膛里的余火，以口吹风的办法让灶膛重新燃烧起来。但灶膛离人嘴有一段距离，微弱的口风就不那么灵便。这时，智慧的百姓就又有了新的办法，采用毛竹筒帮忙，即取一段毛竹筒，打通中间的竹节，末尾一节保留开一小洞，人嘴对着竹筒吹火，风力集中，灶膛立马就重新起火燃烧了。

人们把这吹火的毛竹筒管叫“吹火筒”，但这“吹火筒”的制作有讲究，它的长度一般都是三节，不能取四节，原因是方言“四”与“尿”谐音。

吹火筒

烘火笼

烘火笼是古时冬天取暖的普遍方法。火笼为冬天取暖必备之物，一般一人一个。

火笼由火笼钵和竹篾外壳组成。火笼钵有陶制的，也有铁皮制的，外用竹丝编成外壳，又分细、粗两种。细竹丝编的火笼精巧玲珑，用土漆油刷红色，多用于姑娘出嫁时陪嫁，这种火笼省炭，携带方便；常用的火笼一般编得粗糙一点，也不油漆。

现在农村老年人冬天尚喜欢烘火笼取暖，年轻人使用已极少见。

烘火笼

站火桶

火桶，是旧时农家供小孩取暖的实用器具，上口略小，下口大，呈喇叭形，高约1.3米，用木料箍制而成。桶内中间偏下位置设一留缝隔板，冬天，小孩站立其中，底下放一个火盆，暖气从下而上涌来，小孩全身暖和。闲时，妈妈坐在边上给孩子喂喂饭；忙时，孩子站在火桶里，妈妈边围着灶台煮饭烧菜，边与孩子说话，哄孩子。

站火桶

坐座车

座车，是古时候农家给小孩坐的特制木质器具，因其形状似车，故得名。长方形的木架四周构以栏栅，上部置一可以推滑的小门，门下设座板，供小孩坐。座板下部偏前处设一木板，供小孩放脚。大人家务忙，把小孩往座车里一放，给小孩几个土制玩具，小孩独自玩耍，不影响大人做家务。农忙时，有的大人到田里干活，也把座车带去，摆在平整的田塍边或树荫下，让小孩坐着，大人下田干农活。有的座车的脚上还装有铁制或木制的小轮，小孩坐厌时，推动几下，或转几个圈，小孩乐了，大人继续忙活。大人空闲时，可推着座车行走，陪小孩出门玩耍。

坐座车

打猎

古时，山上野兽很多，经常出没毁坏庄稼，有的甚至进村伤害家畜，村民就自愿结伴上山打猎，为民除害。

打猎的方法　一是狩猎，俗称“坐靶”，即猎人事先埋伏在野兽必经之地，待野兽经过时，则开铳（土枪）射击；二是赶蓬，即用猎狗配合猎人的大声吼叫，把隐藏着的野兽赶出来，趁其不备，突然开铳射击；三是放吊，在野兽经常出没的必经之地放铁笼、铁铗、土制炸弹，用下弓箭、设陷阱、放吊桶等方法捕杀。

猎物分配　打来的野兽，第一铳命中者，俗称“头铳”，奖给后腿一双；打第二铳者，俗称“二铳”，奖给项圈一个；打第三铳者，奖前腿一只；侧道的分给三根肋骨出头的肉一刀。内脏则集体会餐，余肉按出猎人数均分。另外还规定：在野兽打死、四脚未缚之前，其他人赶到帮助缚脚、抬兽的也可以沾喜气分得一份。如兽脚已缚好则任何人见之不得分享。又规定：第一人开铳已打死野兽，第二人赶到放一空铳也可以享受项圈之奖，第三人赶到放铳也按例受奖。

打猎人坐靶（守关卡狩猎）忌穿白色衣服，忌吸烟、说话。

打猎

捕鱼（鸬鹚抓鱼）

捕鱼，在浙中民间的叫法不一，有的俗称“捉鱼”“抓鱼”，也有的叫“挎鱼”。民间传统的捕鱼方法很多，有弯沟捕鱼法、撒网捕鱼法、丝网捕鱼法、布兜捕鱼法，布楞抓鱼、钩钓叉敲、手捉，更有趣的是养鸬鹚抓鱼。

弯沟捕鱼法　是沿着溪边的沙滩，挖一条弯弯曲曲，宽1至2市尺的浅沟，把水引流进沟里，让鱼顺水游入浅沟。等成群结队的鱼进入小沟，立即用沙石把进口堵住，再把浅沟中的水戽干捡鱼。

撒网捕鱼法　船行入湖水中，把大网撒向水面，等网沉入水中，就拉起网绳收网，拉到船上从网中取出鱼。

丝网捕鱼法　丝网，俗称“丝凌”，丝凌捕鱼适应水不深的情况，一般在半人左右深、溪水比较清澈的溪里。人下水，边走边将丝凌放入水中，围成大圈。丝凌上面是一个个的水漂，能浮于水面；下面是一颗颗的锡粒，能沉入水中。丝凌放在水中，犹如一道网墙，鱼撞上丝凌鱼后鳞即被丝网卡住，进退不得。收起丝凌即可取下鱼。

布兜捕鱼法 是一种自然捕鱼方法。一条舢板在船靠岸一侧，装一块用三根竹竿支起的离开水面的“布兜”，船底下有一根与船身前进方向垂直的竹竿，那竹竿横躺在水中，基本和水底贴近，但绝不会离水底太近而影响船的前进。捕鱼者划着船，沿着河边逆水向前。横竿在前，鱼兜在旁，只要横竿贴水底扫过，那受惊的鱼儿就会跃出水面，一部分掉回到水中。但总有一些鱼跳的地方不对，于是就跳到布兜里了。那布兜中间有点堕，跳进去的鱼很难再跳出来。只要那捕鱼者一直沿岸朝前划，总有鱼儿跳进那个布兜里。

有的捕鱼者采用类似的方法，趁汛期溪流涨大水时节，鱼逆水而上时，在有一定落差的紧水头，鱼往往跳得很高。在这个地段的岸边，用三根竹竿支起一个三脚架，再取一根较长的竹竿，根部用大石块压住，或用其他方法固定。中间斜叉在三脚架上，竹尖头用绳子垂下，挂一只大竹篓，跳起的鱼一部分掉回溪水中，一部分则会掉在竹篓里。

捕鱼

布楞抓鱼 是古时候溪流里一种常用的捕鱼方法。取毛竹两米来长，劈开削成小手指粗，用绳子（古时多用棕绳，不易霉烂）编成像瓦楞的竹帘，俗称“楞”。溪流涨水渐渐退小后，用溪中的石块拦水改道，把水引

布楞抓鱼

向一边，并有四五十厘米小落差的点上，把“楞”布好。“楞”入水的一头置于一根大半开的圆筒大竹片底下，鱼掉到“楞”上就很难回去；另一头用石块垫起横置一根木头，“楞”铺上去带坡翘起，并铺设一些柴草。鱼也不会跳到下面去，有鱼即取。

钓鱼　即一个人持一支鱼竿，鱼竿尖头垂一条细细的鱼线，系上鱼钩，装上鱼饵，一次钓一条鱼的小量捕鱼法。

叉鱼　即用专制的鱼叉叉鱼。叉鱼适合水浅的溪流、池塘、水库等水域。如果不想让自己的鱼叉被鱼儿带跑，还应当在叉杆上拴一根绳子。

手捉鱼　是富有乐趣的捉鱼方法，只适合在一些水浅的湖塘里施展。如果地形允许，应当将鱼赶到一处浅水湾中（或者回水区），找东西将鱼的退路堵死，这时将水搅浑，就可以摸鱼了。或是在清澈见底的溪水中，能清晰地看到每一条小鱼，可用一根细长的小竹竿赶鱼，使之躲藏在石块底下，再用双手把鱼摸出来。

敲鱼　用铁锤敲鱼是民间捕鱼方式的一种。一些小鱼常常栖息在水中的石头下，用长柄的铁锤猛力敲打石头，强烈的震动会将石头底下的小鱼震昏，变得反应迟钝（神志不清），有的会被震死。再用铁锤钩动被敲的石头，一会儿就有小鱼浮起，然后即可捞起。

敲鱼

鸬鹚抓鱼　是我国传承千年的古老技艺。渔夫撑竹筏或驾小船于碧水之中，鸬鹚立于竹筏或小船上。渔夫发令，鸬鹚们便一头扎进水里。抓鱼时，鸬鹚们的脖子通常套有一根麻织的细绳子，以防它们私吞大鱼。等到喉咙里塞满了鱼，鸬鹚便钻出水面，回到渔夫身边。眼疾手快的渔夫一手抓住鸬鹚，一手从鸬鹚的嘴里取出鱼扔进鱼篓里。顺手拿出一条小鱼填进鸬鹚嘴里，用手一抻皮条的活扣，将其皮囊解开，小鱼便进了鸬鹚的胃中。

一叶扁舟出没于青山绿水中，矫健的鸬鹚、迅捷的鱼儿、黝黑的渔夫、碧绿的江水、两岸的群山，构成了一幅完美动人的和谐图画。

鸬鹚抓鱼

水碓舂米

水碓，是旧时利用水力推动杠杆的舂米设施。浙中农村一般靠近溪流的村都有水碓。水碓的设计很科学，不仅利用水的冲力舂米，还利用水碓带动磨盘磨粉。

水碓设施很齐全，有舂米的水碓、磨粉的磨盘、风米（区分米与糠）用的风车、筛米（区分米与谷）用的面床，有的还有人工用脚踏舂米的踏碓。

水碓舂米

腌火腿

浙中金华民间，旧时家家户户都养猪，每年过年前家家都要杀猪，杀猪后大多数农家都会留一只后腿，用土法自己腌制火腿，留于第二年吃。据考证，金华民间腌制火腿始于唐代，迄今已有千余年历史。

金华火腿选用肉质鲜嫩、精多肥少的生猪良种“金华两头乌”的后腿精心腌制而成。皮薄肉厚、红泽似火，肉质细致，香气扑鼻，并且含有丰富的蛋白质、氨基酸等营养成分。

因为选料、腌制时间、腌制方法的不同，又有许多不同的金华火腿品种，如早冬腿、正冬腿、春腿、月腿、风腿、熏腿、糖腿、甜酱腿等，分布于金华各县市。

腌火腿

踏齑菜

齑菜，是浙中民间家家户户常备的蔬菜。腌制“齑菜”的方法，有“踏齑菜”和“笃齑菜”之分。

做“踏齑菜”在春、秋季，把新鲜的萝卜菜、白菜、芥菜（三月青、九头芥均有）洗净，放进木桶或大缸，铺一层菜，撒些盐，人上去层层叠踩，踩实后，上面用大石块压住。过了十天半个月，齑菜呈微黄色，清香略带酸味，松脆可口，味道松而鲜。腌齑菜时菜底部放进小萝卜，俗称“齑菜萝卜”，松脆可口。

踏齑菜

“笃齑菜”，即把“九头芥”割下，晾挂至瘪软，再洗净晾至收水，切细，加盐拌匀，装入酒坛或毛竹筒堵实，再把坛（筒）口封严，存放两三个月后即可以取食。“笃菜”色微黄，味鲜，适合常年备用。

编草鞋

编草鞋，俗称“做草鞋”。古时，劳动一般穿稻草编制的草鞋；也有的用麻编草鞋，比稻秆草鞋更牢固耐穿；还有的用葛藤根捣细，先提取淀粉，再利用葛藤根编草鞋，俗称“葛藤草鞋”，一举两得。上山“打裹脚”（扎绑腿）、穿草鞋，以保证安全。冬天天气冷，要穿土布袜再绑腿穿草鞋，安全又保暖。

编草鞋

做布鞋

布鞋，是旧时最普遍的鞋子，穿布鞋走路轻便，男女老少都喜欢穿。因此，在浙中民间几乎每个妇女都会做鞋。然而，要做好一双布鞋，需要花许多心思和工夫。

先是利用家中的旧布、碎布，用米汤糊纳好晾干的布浆板，根据鞋底样剪好当铺底，再用糯米糊把碎布层层叠上去，最上面

做布鞋

贴上一层新布卷边盖面。待晾干后，即用鞋底切刀按鞋样切齐。再把真麻搓成的麻线将鞋底从外到内一圈圈密密麻麻地扎紧，鞋底就准备好了。接着，选用灯芯绒或其他布料做鞋面，中间用一层布浆板，里面一层新布夹里，再用俗称“口缕布”的布条，手工把鞋帮的“口纲”缝合、卷好，使鞋帮三层布料缝合在一起，鞋口不会裂开。最后，将鞋底一颗颗凸起的线钉用小铁锤敲平，垫上少许棉絮，盖上一层新布，俗称“烫底”。再把鞋底与鞋帮用麻线串扎连合在一起，用“楦头”楦平整，一双新鞋就做好了。

如果做棉鞋，方法相同，只要鞋帮加高、加棉即可。旧时的布鞋，一般男人的为圆口，女人的为方口，女人、小孩的还加一条绑带。

搓麻线

浙江民间自古有农闲时自种苎麻（俗称“真麻”）搓麻线的习俗。麻线是姑娘出嫁必不可少的陪嫁物，搓麻线是每个姑娘必学的基本技艺，姑娘从小跟母亲学会搓麻线。搓麻线，俗称“索麻线”，其方法很简单，先把晒干的真麻重新用水浸湿，撕成细

搓麻线

丝。拿一张家里的“四尺凳”，把细麻丝平摊在凳面上，两头用农家特制的“麻石鼓”（也是姑娘的陪嫁物）压住，再拿一张竹交椅坐下，用一片经过斜向划线形成细小菱形的瓦片（俗称“泥片”，也是姑娘的陪嫁物之一）往右脚膝盖上一放，取来麻丝用左手捏住，放泥片上用右手搓成。搓得细细的叫“纱线”，用于缝补衣服；搓得略粗的叫“麻线”，用于做鞋子。

麻线的长度一般为2至3米，结尾要搓得细细的才好穿针。每根麻线卷成一绞。刚搓好的麻线硬邦邦、黑乎乎的，要经过水浸、汤煮、木槌槌等多道工序漂白，漂得又白又软才算好。漂白晒干的麻线要用包袱或布一层层包好，否则容易泛黄。

织布

人生在世，吃穿是大事。于是，种麻种棉、纺纱织布成了旧时每家每户必不可少的事。男孩子从小跟随父亲学会种植棉麻，女孩子从小跟随母亲学会纺纱织布，造就了“男耕女织”的生活。

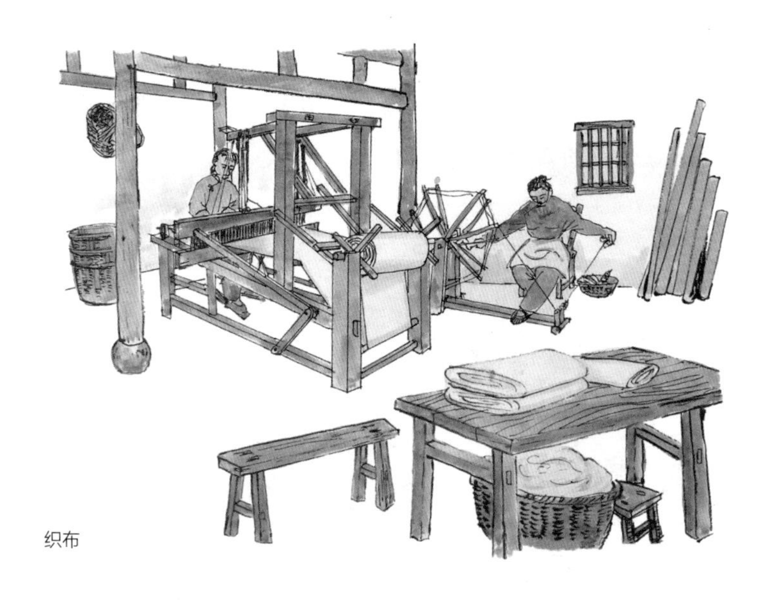

织布

织布前首先要纺纱。以麻为例，麻种植成熟后，首先将麻秆砍倒，剥下麻皮，再用刮刀把麻皮上的胶质刮掉，洗净晒干。开始纺纱时，先将麻撕�成细丝。浙中民间古老的纺纱工具是纺轮，纺轮用木头做架子，毛竹做圆轮。将细麻丝一头固定在纺轮上，一头手提，旋转纺轮，将麻丝逐渐拉长，加捻成线。棉花也用同样的方法，纺成棉纱。纱线纺成后，根据所织布的宽度，一些用木架子拉平、绷紧、卷轴，成为经线（俗称“直丝”）；另一些卷绕在一个木头梭子上作为纬线（俗称“横丝”）。然后通过一些简单的脚踏、手提装置，人们靠手、脚紧密配合，拉开机纱口，用木梭带线织上横线，用撞头撞紧。这就是古老的织布过程。织好的布，卷绕在经轴上，每到一匹时即剪断。

织带

旧时，妇女（尤其是姑娘）有织带的传统风俗。一块织带板（或四尺凳）、一个简易的带扣、一把特制的带刀，就是织带的全部工具。带分宽、窄宽带织有图案或祝福词语。图案多为龙凤、蝴蝶、梅花、万年青、花结等，词句多织“长命富贵”“金玉满堂”“寿”“福”等。窄带主要织条纹带或“正”“王”“卍”图案的花纹带。无花纹的叫盲眼带。彩带是姑娘出嫁必备的嫁妆。

织带

织毛衣

手工编织毛衣的历史已经很久远，最早应该出自古代游牧部落的牧羊人之手。

每到春暖花开的季节，各种动物就开始脱毛。牧羊的人们收集起脱落的羊毛，洗净晾干。放牧的时候，坐在石头上，边看着羊群吃草，边将羊毛搓成细条，这些细条可以用来织毛毯打毛毡，再纺细之后可以织呢子。传说某一天，北风渐紧，天快冷了，某一个牧羊人（也有说是一个奴隶），没有毡做的衣服可以御寒，便找了几根树枝，想方设法将手里的毛线编织成片，做一个可以裹在身上御寒的东西。绕来绕去，他终于找到了诀窍，于是，便有了后来的毛衣。

手工编织毛衣需要两个过程，即纺线和编织，在编织的时候，除了毛线，只需要几根细竹针。

织毛衣

做木屐

木屐，简称屐，是一种两齿木底鞋。走起路来滴答滴答响，特别适合在雨天的泥路上行走。木屐是由中国人发明的，是隋唐以前，特别是汉朝时期的常见服饰。后来木屐传入日本，在日本流行至今，所以很多人以为木屐是日本货。

木屐，由木板与木屐带结合而成，木板的底面有两条突起的“齿”，目的是为了雨天便于泥上行走，这是两齿木屐。古代行军打仗时也会使用平底木屐，以防止脚部被带刺杂草划伤。不仅仅军人如此，平民也往往在路上穿着木屐，防止脚被带刺植物划伤。

在民间，很多人会自制木屐，即自己随便找块木板，用锯子锯成鞋底样，剪块布条，最好是自织的棉带子，在木板上一钉，便成了木屐。

做木屐

刺绣

刺绣，俗称绣花，以绣针引彩线（丝、绒、线），按设计的图案，在织物上刺缀运针并构成纹样或文字。因刺绣多为妇女所作，故又称“女红”。

刺绣起源很早，在两宋即已倍受推崇，到了元、明时期民间已有较为广泛的流传。其多为实用与装饰结合，尤其表现在婚嫁习俗上，为民间婚嫁迎娶中必不可少的物品。到了清代，民间未婚女子多由上辈言传身教，母女相传，于是姑娘自幼学习刺绣，学会“女红”。

绸缎丝线为主要材料，多绣枕套、香帕、花鞋、肚兜、小儿帕、钱包票袋、挂件等。刺绣题材广泛，种类繁多，多表现喜庆、长寿、山水、花鸟，寓意吉祥如意、平安幸福。其图案根据用品所需而定，诸如新婚媳妇鞋头绣荷花，小孩面前挂袋绣以

活泼可爱的动物为主，如小狗、小猫、刘海钓蟾等。枕头则以各种花卉为主，梅花、兰花、牡丹、月季等。

清末民国初，刺绣多出创新作品，有石榴、桃子、鹿、鸡、鱼象征多子多福、大福大贵，以及荷花、牡丹、凤凰、百鸟象征子孙绵延、永保平安。端午节母亲还为子女绣制佩于胸前的“香袋”。到现代，刺绣品流行在枕头、肚兜、小孩帽、鞋面等，而瓜果蔬菜、飞禽走兽、山川风景、亭台楼阁等，更是生活中百见不厌的刺绣体裁。有的写实，有的夸张，有的含蓄，有的浪漫，创造出无数既富有装饰趣味又有浓郁乡土气息的生活用品。

肚兜常为小孩出生满一周岁后，天气比较热时穿的。肚兜也是大姑娘出嫁要穿的内衣，在浙中广大农村曾经广为流行。肚兜上多绣有花、鱼、虎、龙等，用红、绿、青、兰、紫、黄等各种颜色的丝线绣起来，情态各异，非常美观，相传小孩子穿上红肚兜，还有壮胆、除邪等作用。

刺绣融装饰与实用，寓美好愿望于一体，成为民间美术中的一朵奇葩。20世纪80年代后，各式花布越来越多，机绣取代了传统人工刺绣。民间了解传统手法的刺绣者已越来越少了。

刺绣

晒酱

古时，在浙中农村有家家户户自晒黄豆酱和酱油、豆豉的习惯。

晒酱，采用优质面粉和黄豆为原料。先制酱饼，把面粉掺水揉团成饼，偏硬，于汤锅中煮熟；再把黄豆浸透洗干净，煮熟。待两者晾去水气，风干。然后，在空闲的谷柜或大缸里铺垫上干稻草，把酱饼、熟黄豆放进去发酵，俗称“醅酱黄”。五至七天后，酱饼、熟黄豆长出了毛茸茸的黄毛，说明已经发酵完成。即取出置于太阳底下晒干，用刷子刷去“黄毛”，把酱饼捣碎，与“豆黄”一起放入“酱钵”，加入凉开水搅拌均匀，置于太阳底下晒，一直晒到酱发红即成，大约经过两三个月日晒和夜露才可制成酱油。然后用这种基础酱料，放入发酵后的酱饼，再经三伏曝晒后，灌入绸袋中重压滤汁去渣。因制作过程中，以酱饼为娘，以酱油为子，故称“母子酱油”。

晒酱油，则用黄豆、麦粒，浸透后洗干净，煮熟。凉却风干后，用“醅酱黄”的方法进行发酵，然后放入“酱钵”，加入凉开水搅拌均匀，置于太阳底下晒。晒好了，滤出的黄豆、麦粒即“豆豉”，而余下的酱水即“酱油”。

晒酱

古老的酱缸也叫笠缸，是在大缸上加一个斗笠。三伏天晒酱，日头不够猛则酱晒不出香味，太强又会灼焦，所以要不停翻动与捂盖，来刺激微生物发酵。一直要到秋冬之交，酱油才酿成，俗称“伏酱秋油”。其中“母子酱油”是酱家族中的上品。它呈棕黑色，有浓郁的酯香味，咸甜适度，柔和味长，鲜美可口，营养价值很高。

古时，街上有专门卖酱的店铺，俗称“酱坊”。

赶市（赶集）

集市是民间商品交易的重要场所，四邻八乡的人纷纷前来集市，各按所需选购商品。设立固定的日子开市，叫“市日”，各地商贩携带各类商品前来摆摊销售。当地民众有的把平日空闲编制的畚箕、菜篮、竹椅、小凳，自己种的瓜果蔬菜、稻米和自家养的鸡、鹅、鸭、猪崽等拿到市上来卖，有的则挑担柴火、木炭来卖，卖完了又买回家中所需；有的人则到市上来转悠一圈，吃碗馄饨，或喝碗酒，赶一趟热闹就回家了，这就是“赶市”。

市日的设置各有不同，有的五天或三天一市，有的逢单或逢双即市，根据需要而定。区域较大、人员相对集中的集镇，每月三天一市，即每逢“一、四、七”或“二、五、八”“三、六、九”为市，或逢单、逢双即市；区域较小、人员相对较少的山区集镇，则“五天一市”，即每逢“一、六”“二、七”或“三、八”为市。临近的集镇，市日要错开，不要同日为市。

新中国成立前，武义仅有壶山、桐琴和泉溪三个集市。壶山集市农历每月逢三、八为市日，主要交易物品为农副产品和土特产。桐琴集市由于历史原因，又分为桐琴和赵宅两地开市。新中国成立以后，特别是改革开放以后，武义集市有了较大的发展。柳城、桃溪、王宅、履坦、茭道、新宅等集镇相继建市。目前，每个集镇都建有集市，极大地方便了当地群众购买各种商品，也促进了当地经济的发展。

赶市

各地集镇除平时逢集外，一般每年要举办一次大规模的集市贸易活动，俗称“物资交流会”或“会市”。会期都是三天，活动期间除商品贸易外，还有演戏等传统民俗活动，场面极为热闹。

卖鱼花

旧时，偶尔有人挑着“鱼花（鱼苗）担”到村里来卖鱼花。这“鱼花担”是两只用竹篾编成六角孔的竹篓。用鲜猪血滤去血筋，调生石灰，或采即将成熟的柿子，敲击裂开后存入陶罐里发酵腐烂。五六个月后滤渣去杂，留下柿汁当黏合剂，在竹篓内壁糊上两层棉纸，外壁糊上三层棉纸。等完全晾干后刷上桐油，形成盛水不漏的桶体。其形状中间大，两头小，高35至40厘米。

凡是村口有水塘，或是村中有防火塘的村庄，每年春上都会有人主动挑着鱼花担送鱼花来。卖鱼花不用秤称，而是“一个五，两个十……”地数，每条鱼花的价格大小不一。

村口或村中的水塘养鱼，春上放入鱼花，到了隆冬腊月放水捉鱼，捉上来的鱼全村分着过年，家家户户都有份。

卖鱼花

洗衣裳

古时候的浙中城乡，溪水清见游鱼，塘水碧映蓝天。妇女们喜欢直接到溪埠头、塘埠头洗衣服和被褥。特别是溪流贯村而过或者绕村而行的村庄，每天清晨趁早来到溪边洗涤的妇女、姑娘们排成了长长的队伍，哗哗流淌的溪水清澈见底，一群群小鱼游过来觅食；“啷啷”的棒槌声和姑娘们的嬉笑声响成一片。

洗衣裳

打绳

打绳，就是将黄麻、青麻、棕丝之类的材料做成坯绳，然后再将几股坯绳放置在自制的工具上，慢慢拧成一条绳。绳子有粗有细，有长有短，从三股到六股不等。粗而长的绳子，有的地方俗称“大索”。

在20世纪六七十年代，打绳是一种家庭手工业，这在当时算是个比较赚钱的生意。村民往往是白天到生产队干活，晚上回家打绳子。每到晚上，不少农户全家出动，点着油灯打绳子到半夜。甚至有人为了节省灯油，干脆借着月亮光打绳子。当时在武义山区，曾流行割岩山上的岩草（俗称“油草”）晒干后打绳，打得很长，由当时的供销社收购站收购，据说是运往海边养海带用的。

自制的打绳工具很简单，用木头制作成一个架子，有的装上一个大转轮，有的就直接在木架的木方上打几个洞。装上折了弯的铁钩，绳有几股合成就用几个铁钩。铁钩带钩的一头装在木方的前面，不带钩的一头长出木方的背面，几个铁钩固定在一块木板或竹片上，摇动木板或竹片，带动每个铁钩一起转。铁钩钩住坯绳，一人司坯绳，一人摇动，拧紧即成绳。

打绳

随着现代化打绳机器的普及，聚乙烯、聚氯乙烯、尼龙绳子大量涌入市场，加之农业机械化程度的不断提高，现在麻绳的使用量越来越少，手工制作麻绳业日趋萎缩。另外，现在的年轻人也不愿意继承这项手工业，使得手工打绳逐渐在人们的视野中消失了。

打拳

旧时，民间素有练武之习。尤其是山区，每到冬下农闲季节，村民多在村中练拳术、棍术、钗术、大刀术、马刀术、矛术、盾术等，有的专门请拳马师教练。练武主要用以防身健体。

打拳

扭痧、刮痧

扭痧和刮痧是民间常用的古老治疗方法，对于突然发生中暑，特别是头痛、发热、呕吐、抽筋的病人具有较好的疏通气血、减轻症状的作用。

扭痧，就是在病人的头部、颈项、胸腹等处，用中指和食指蘸一些清水，把病人的皮肤用力地夹起来，再让它滑过，这样一揪一放反复用力操作，直至皮肤出红、出紫为止。

扭痧

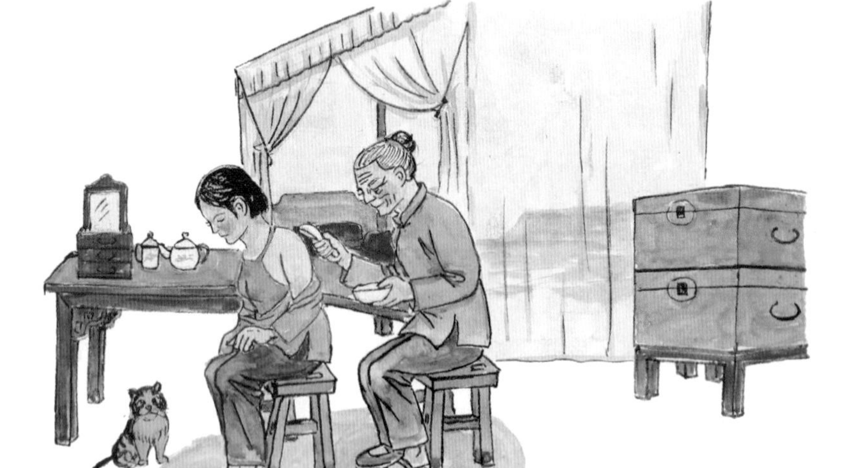

刮痧

刮痧，最普通的做法就是用一个边缘圆滑的汤匙或碗，蘸一些菜油，在病人的肩部、颈项、脊背、胸胁和臂弯处皮肤上，从上向下轻轻地刮。等到皮肤出现红斑，病人自己觉得皮肤好像变厚的时候再稍用力气进行刮，直至皮肤变成紫红色，并且稍微隆起为止。

千万不要直接用汤匙在病人的皮肤上面刮，以免伤害皮肤。对于那些扭了多下，刮了好久或者是比较用力还没有出痧的病人，也不能强求出痧。

汤布

汤布，是旧时浙中武义一带农村男人所必备的物件，一般用白细布做，长约5尺，宽约1.5尺。夏天可作汗巾擦汗，冬天可做围巾保暖，挑担时用以垫肩，露天下水洗澡时围之遮羞，也可当作毛巾擦身，还能包东西，一物多用。

汤布

待客

俗话说“上门不闸客”（“闸”意为“阻拦”），意为凡是上门来作客的，都要以礼相待。

旧时，乡下人特别热情好客。待客一般先招呼其落座，泡上糖茶，然后奉上炒南瓜子之类，男主人陪客人边喝茶边唠嗑。女主人烧点心，点心多为鸡蛋面条。平时来客烧点心，一般为一碗面条两个荷包蛋；有时也烧“糖蛋”，白汤蛋加白糖，或加入些许家酿酒。武义一碗糖蛋以三个最为客气，烧四个为不客气之举。平时吃点心，客人可把碗中鸡蛋都吃掉。春节期间客人上门拜年的烧点心则不同，一碗鸡蛋面，两只清煮鸡蛋和几块大块方肉上铺上长长的面条，长面条寓意“牵长”，即长久往来。客人一般只吃面条不吃鸡蛋，或只吃一只鸡蛋，主人为表客气，把鸡蛋用筷子划破，让客人全吃下。

鸡蛋在农村人际交往中，用于相互馈送或招待，利用率最高，也最为广泛。除亲友做产或过生日，将鸡蛋染成红色，是送礼的首选食品外，鸡蛋还有众多的用途：小孩遇有意外被人搭

待客

救，逢凶化吉，送鸡蛋谢恩；不小心泼出污水溅在别人身上，送鸡蛋赔礼；新年首次挑大粪，吃鸡蛋“驱秽气”。丈母娘款待女婿，每次女婿登门都要烧鸡蛋，让女婿补身子。故有俗语“女婿见丈母娘，鸡蛋吃勿完”。

猜拳

旧时，人们聚在一起喝酒时，酒过三巡，酒兴大发，便兴猜拳。猜拳，俗称“豁拳”，以两人对豁，输者罚饮酒一次。每当庆寿、贺生、贺喜，惯以豁拳讨彩，猜数喊语，多是好话：如一是“一定高升”；二是“两相好”；三是“连中三元”；四是“四季发财”；五是“梅花开”或“五经魁”；六是“六六大顺”；七是“七巧玲珑”；八是“八仙过海”；九是“九子登科”；十是“十全十美”。零数（两人均握拳）唱“元宝对”。也有的以戏名或地名为喊语，各方规定不一。但一般在开豁前的预令，都要先喊“全福寿”“福寿全”。

猜拳

吸烟

旧时，浙中山区的乡民都喜欢吸自己种的土烟（又称旱烟或烟丝）。新鲜烟叶摘下来，夹在竹帘上晾干，再把烟叶一张一张叠好卷实，用一块木板（5至8厘米宽）和一块竹片（约五寸大的圆竹破成对开）夹住，切成烟丝；也有的叠好夹在“烟车”上，刨成烟丝，拌入少许菜油，随时用。

烟具早时有水烟筒、竹烟筒之分，以竹烟筒最为普遍。水烟筒一般用铜制成，有的称其为“凤凰尾巴”。烟筒藏水，烟雾经过水的过滤之后吸入，吸时“呼呼”作响，但能减少烟中有害成分。使用水烟筒者多系有钱人家。竹筒烟以竹节密为上等，俗语有“九寸十八节，无烟也能抽”之说。

竹烟筒又有两种，一种是把竹节密的小毛竹连根挖来，将竹根须削掉，在竹根部凿一个洞，嵌上铜皮，把竹节用铁丝穿通，烟丝塞在竹根的洞上，点起来就可以吸。另一种最通用，买一只铜、铁或铅铸的烟筒头，铜、铅或铁铸的烟筒嘴，也有用玉雕的烟筒嘴，上山找一根竹节密麻的小毛竹，用铁丝穿通竹节作烟筒杆，把烟筒头、烟筒竹和烟筒嘴连在一起即成。竹烟筒长短

吸烟

不一，在家吸的一般为一至二尺长，带在身上吸的一般只有五至八寸长，俗称“小烟筒”，有的老人家用的烟筒比较长，可以当拐杖用。竹烟筒往往挂一只用青色布做成、上面绣花的烟袋，烟袋一般是姑娘送未婚夫的信物。也有的用硬木雕刻而成，形如猪腰子，盖顶压以铜钿。也有的用老鼠皮缝制而成，可以防潮。还有讲究的用香泡制作，选新鲜香泡，慢慢捏成罐形，阴干，上口嵌上铜片装饰，装烟香而不潮。现在，吸香烟已遍及农村，除了少数老人，乡民已很少有人用烟筒吸土烟。递香烟已成为敬客之道，是常见的交际的手段之一。

旧时，吸烟限男人，女人吸烟被视为不正派，现在吸烟女性有增多趋势。

修谱

修谱，即编修宗谱，俗称“续谱”。古时多聚族而居，每姓均有宗祠，每隔十二年要修一次宗谱，否则被认为对祖宗不孝，是奇耻大辱。

宗谱是以一个姓氏为中心而编纂的典谱，其内容大致分为：①序文、序言，介绍本姓氏族源、变迁、发展；②本姓族人物诰敕、传证、墓志铭、行状等；③世系，以图系标出本姓族子孙的繁衍、分支和继承关系；④行状，介绍人物生卒年月、阅历、配偶、子女情况和墓地；⑤本姓族人和名人应酬唱和的诗文。

编修宗谱，先查清丁口，再请文人执行编纂。古时有专门上门修谱者，俗称“做谱先生”。然后刻版印刷，印成分各房保管。编修宗谱时，宗祠也要进行适当修缮。宗谱编成时，宗祠也修缮一新。发新谱前要先行祭谱，仪式与祭祖相同，并设宴庆贺，附近宗族，甚至官府也要送礼相贺。做谱费用除“常田”租银外，还要向族人收取丁口银。族人领取新谱回家，要在家中设祭，点烛烧香，鸣炮，把新谱供于堂上。

修谱

祭祖

祭祖是一项古老的宗族活动，围绕着敬祖尊宗之主题，在宗族祠堂举行春秋二祭，且有一套颇具文化内涵的仪式程序。

祭祖程式参照明清时代的祠祀典制确定，按照祖先士大夫官阶等级供全猪全羊全鸡，以及豆谷、麦黍、糕点，四时鲜果，酒饭等，即古之俎、豆、笾、胙。

祭祖典礼需确定一位耆老担任主祭孙、一位读祝文的绅衿、一位通晓祭祖礼仪的通赞（司仪）、两位引赞，以及侍立供桌两侧的执事六人，还要有一个由司鼓、司锣、司钹、先锋、唢呐等四五人组成的小乐班负责奏乐，并指定数人鸣炮。

祭祖盛典由宗祠管事负责筹备，通常须提前数天备好各种祭品、供品，确定主祭孙、读祝长者、通赞、引赞、执事等人选，打扫宗祠。

祭祖程序主要为：迎神、上香、行初献礼、侑食、诵祝、行亚献礼、侑食、行终献礼、侑食、饮福受胙、送神等。

据中国历史文化名村浙中武义县郭洞村相关史料记载，自明万历三十七年（1609）何氏宗祠建成起，郭洞何氏裔孙便立下族

祭祖

规，每年农历二月十五、八月十五举行祭祖大礼。

近年来，随着非物质文化遗产保护、传承工作的不断推进，与乡村文化旅游节会的兴起，不少地方恢复了传统的宗族祭祖活动。其礼仪繁复，规模宏大，气氛隆重、庄严、肃穆，令所有参祭众孙肃然起敬，也令观者赞叹不已。

庙会

庙会，又称“庙市”，是我国民间广为流传的一种传统民俗活动，也是我国集市贸易形式之一。其形成与发展和当地的佛教寺院以及道教庙观的宗教活动有着密切的关系，一般在寺庙的节日或规定的日期举行，多设在庙内及其附近，进行祭神、娱乐和购物等活动，故名。

古代，“日中为市”，进行集市贸易。至南北朝时，统治者信仰佛教，大造寺庙，菩萨诞辰、佛像开光之类盛会就应运而生，商贩为供应游人信徒，百货云集，遂成庙市。

早期庙会仅是一种隆重的祭祀活动，随着经济的发展和人们交流的需要，庙会就在保持祭祀活动的同时，逐渐融入集市交易活动。这时的庙会又得名为“庙市”，成为我国市集的一种重要形式。随着人们的需要，又在庙会上增加了娱乐性活动。于是逛庙会成了人们过年不可缺少的内容。但各地区庙会的具体内容稍有不同，各具特色。

民间的庙会有自己的核心特征，即在经济贸易方面是百货交易；在社会组织方面是“社”或者“会”；在意识形态方面是礼神娱神。这便是我国庙会能够长期传承的经济基础和民俗惯制。

庙会是把寺庙的节日变成了地方性的节日，把宗教的节日变成了世俗的节日。所以，那些独特的地方性求神活动、非宗教性的娱乐休闲活动及集市贸易活动才得以自然而然地融入庙会。因

庙会

此，与其说庙会是宗教活动，倒不如说庙会是地方性民众节日活动，更能准确地反映庙会的本质属性。所以说准确地讲，这种多内涵型庙会可称为节日型庙会。

庙会还是一种综合性的民俗活动，关系到宗教信仰、商业民俗、文艺娱乐等诸多方面。这是由各地的历史、地理和物质条件、民俗传统和人们的审美标准决定的。各地的庙会又各有其特点，在几个方面各有所侧重，这就形成了各种庙会互不相同的生活美，但都分别表现了当时当地条件下人们认为是最美好的生活方式。

浙中地区最负盛名的庙会，当数永康方岩庙会。

取龙祈雨

旧时，武义遇天旱之年，为求老天下雨，常组织乡民到龙潭“取龙”。取龙仪典严肃认真，全境先要禁屠吃斋三天，名为“封刀”。参加者为全村每户一人，个个沐浴更衣，一律穿白色衣裤，各带棍棒武器，以护“龙瓶”，称为“雨兵”。取龙仪仗隆重，大纛前导，接以各类旌旗，再是龙瓶，由两人抬着装“龙”的酒坛，还抬着一晒死的连泥作物，以期神明看到久旱的严重程度。后为手擎钢叉、棍棒的“雨兵”。雨兵即使遇上如同喷火的炎炎烈日，也不准戴笠遮荫，以示虔诚。

取龙前，先把附近各个龙潭的名称写好放进酒坛里，再用筷子夹，夹到哪个龙潭就到哪个龙潭去取龙，此法谓之“刮潭”。主事者率众至龙潭后，先由俗称“山人”的巫师或道士作法念咒，行“封潭”之仪。封潭即封禁水面，以免“龙”到时避走他方。接着放疏，即把装有“符”的信封放进龙潭，使之下沉，谓之向海龙王行文。过了一会儿，疏浮上来，说明是海龙王有回音。封潭放疏毕，即行“请龙”。人们向潭中寻觅蛇。若潭中无

取龙祈雨

蛇，则寻于潭之四周草地。再无则下水捉鱼，所捉多系“白鱼”，俗谓白鱼是“龙女”，鲫鱼是“龙子”。俗信龙女性急，请之能即下雨；龙子性慢，请之能下和雨而时长。故大旱之年多请龙女，以解旱情。人们抓到蛇或鱼，即装入“龙瓶”，上盖青柴树叶，急抬而归。

归途不得撞见挑大粪的、烧焦泥灰的及施各种肥料、车水的，尤其不得撞见耕牛。俗信牛生麒麟，而麒麟喷火，与龙是大敌，撞见即要吓坏所接之龙。故取龙队伍多有打前站者，事先请沿途各村照顾。一路上，“龙瓶”周围拥满人群，“龙瓶”经过的村子有的还要摆起香案做龙斋。

抬到本村近处，要到旱得最厉害的田畈转一番，意即叫龙王看看旱情。人们吹口哨、疾奔。接进村庄后，要用三牲福礼祭祀，然后把“龙瓶”供于事先设好的“龙亭”上，并派专人看护。每天下午抬着“龙瓶”沿着农田绕走，称为降雨。取龙后若是下了雨，旱情得以解除，则要用同样的方法把“龙”送回龙潭。

囍

八 庆吉篇

从呱呱落地啼哭来人世，到驾鹤西归含笑去九泉，人的一生，谁都有婚诞寿庆相伴，婚嫁迎娶、生儿育女、贺生祝寿，同喜共乐。尽管各地民俗大同小异，但其中之乐趣与愿景令人难忘。

相亲

婚姻是人生大事。旧时婚姻，多依父母之命、媒妁之言。婚姻的确定，讲究“门当户对”；同时注重男女年龄属相、时辰八字，不得相冲相克。

相亲，是婚姻的第一步，男女双方经介绍后，往往由介绍人（媒人）带男青年到女家相亲，称为“看姑娘”。武义宣平一带又称“看囡囡”。若相中，男青年就要介绍人邀请姑娘到男家玩；若相不中，就托词推辞。女青年见了男青年表示同意后，由母亲（或嫂子，或已婚姐妹）和介绍人陪同到男青年家玩一次，称为“看人家”，其目的是看看男青年家的生活条件以及家庭成员的情况。姑娘看人家时，男方父母要送见面红包，这种见面红包一定要凑双数。若姑娘不同意婚事，介绍人可要求退回红包。如今，不少男女青年自由恋爱后，还是要找一个亲朋好友作介绍人例行习俗。

相亲

合八字

合婚，俗称“讨八字头”和“合八字”。

讨八字头，即讨庚帖。女方同意了婚事，男家请介绍人带着礼物到女方家讨取姑娘的生辰八字。女家父母把姑娘出生年月日以及时辰，请阴阳先生按干支排列，即“坤造某年某月某日某时生”，写在红纸帖上，放进盛礼物的红漆小竹篮里（俗称“洋篮”），让介绍人带回。

合八字，即男方家取回姑娘的庚帖后，一般采用两种方法合婚：一是将女方庚帖压在堂屋祖宗牌位前的香炉底下，点香烛三天三夜，意由祖宗审明；二是请算命先生合婚，报男女双方的生辰八字，由其裁决。民间有一套合八字的俗语，如：“宁可男大七，莫可女大一”，“三、六、九命相冲”，“龙虎相斗”，“鸡狗不和”，“两狗不同槽”，“两龙不同潭”，“一家三只虎，不苦也要苦”，“一家三只兔，不富也会富”，以及“同年妹，受她害；同年姐，通通喜”等。男方庚帖也需送到女方家，姑娘父母用同样方法合八字。最后，男女庚帖均保存于男家。

合八字

定亲

定亲，俗称“订婚”，即男女双方同意婚事，男家就择定吉日定亲，把聘金和馒头、面条、猪肉、鸡蛋、香烟、糖果、衣料等送到女家。女家收礼，物可全收，财则必须酌量回还，俗称“回情”。此日，女家设酒宴，招待行聘媒人及族中亲友。女家回送男方帽、鞋、袋等物。晚上，男家设酒宴，招待媒人和族中亲友。

旧时男女一经定亲，即被视为夫妻，双方不得反悔，否则，必被舆论非难。定亲后，每年端午、中秋、过年，男方要送礼，俗称“挖（拿）端午”“挖八月半”“挖隔岁”。女方则尽力准备嫁妆。

定亲

送庚帖

男女订婚后，下一步就是成婚。先要根据男女双方的属相八字择定“良辰吉日”，再托媒人把写有成婚日期的红纸帖送至女家，俗谓“送庚帖”，亦称“送日子”。女家收下“庚帖”，要送之于自己信任的风水先生品评，俗称“合日子”。确定男方所择吉日是否利于女家。否则，可要求男方重新择日。

送庚帖

挑上轿担（挑嫁子）

挑上轿担，又称“挑嫁子”，即迎亲前三天，男家把女家办酒席宴客所需的各种食材一担担挑着送到女家，再把女家的“嫁妆”一担担地取过来。

娶亲前三天，男家根据女家请客的需要，按女家厨师开出的菜单，把猪肉、牛肉、羊肉、鸡、鹅、蔬菜、香烟、酒、糖果等送往女家。即使菜单送足了，女家也一定要提出所送宴菜还有欠缺，要求添补，还要补若干次，而男家也早有添补的准备。此谓“补子孙”，是双方乐意的。上轿担中有一只特制的鸡笼，内装公、母两只活鸡，“挑嫁子”回来时，由媒人一头雕花脸盆架，一头鸡笼，凑成一担挑回来。此俗寓意为母鸡取回家下蛋，媳妇娶回家生儿育女。

取嫁妆，嫁妆多用竹杠抬、箩筐挑。嫁妆虽有多有少，但一般均有鞋、枕、棉被、大小浴桶、鞋桶、子孙桶（马桶）等，有的富家女儿出嫁，还有花床、花橱等大件嫁妆，古时嫁妆多的有“十里红妆”，“十八大杆”。嫁妆中，大浴桶内按例摆放新娘

挑嫁子

亲手做给夫家的棉鞋，称“上贺鞋”，夫家有多少人就要做多少双，另外还有新郎新娘自己的单、棉布鞋。子孙桶里要放花生和瓜子。扛嫁妆者喜入闹区，让路人围观助兴。

开脸

开脸，便是去除面部的汗毛、剪齐额发和鬓角的仪式，是旧时女子嫁人的标志之一，又称开面、绞面、绞脸。开脸有的在上轿前在女家进行，也有的娶到男家后进行。开脸人必须是父母子女双全的妇人。

开脸用具有新镊子、五色丝线或钱币等。其常规操作程序为：

先用粉涂在面部，尤其是头发边缘处涂擦。之后用红色双线，变化成有三个头的“小机关”，两手各拉一个头，线在两手间绷直，另一个头只好用嘴咬住，拉开成十字架的形状。这时，只需双手上下动作，那红色双线便有分有合。线挨到人的面部，便可将汗毛绞掉。

开脸

开脸多半是由婶娘或嫂嫂来完成。

新娘子开脸之前，新郎官必须先在新娘子脸上薅三把汗毛——新娘子哪里受得了？不过是象征性地薅三次罢了。这样做蕴藏着民俗含义，新郎肯动手，说明洞房花烛夜一切如意，新娘子全新的人生是他揭开的。新娘子要求必须用一只去壳的熟鸭蛋，先在新娘子脸上抹上几抹，意思是新娘的脸原本和鸭蛋一样完美，是新郎官使她成为妇人。

开脸时，边扯汗毛，边念《开脸歌》：“左弹一线生贵子，右弹一线产娇男，一边三线弹得稳，小姐胎胎产麒麟。扯得眉毛弯月样，状元榜眼探花郎。我们今日恭喜你，恭喜贺喜做新娘。”

开脸是一种民间传统的美容方法，它和当今姑娘出嫁之前到美容院化新娘妆是异曲同工的，其中都寄托着新娘对美的追求，对新生活的憧憬。

迎亲

旧俗，姑娘不能走路去成亲，只因怕日后夫妻不和，被夫家说是“上门货”，故须发花轿去迎娶，即接新娘。花轿有八人抬的，也有四人抬的，另有一种花轿称为“过山笼”，是二人抬的小轿。轿的前、后各挂两盏小红灯，轿顶披一块大红布。迎亲队伍由男家请二名长辈中子女多（俗称“发子旺孙”）、儿女双全、配偶健在者做代表，称“领轿”（俗称“利市爷爷”，武义宣平一带称为“大客”），会同媒人、轿夫、乐队，以及一对背挑灯的童男、一对开轿门的童女组成。陪新娘到男家的除大舅外，还有二至四位未婚姑娘，俗称“跟帐姑娘”。整个迎亲队伍人数一定要“凑双”，迎亲的、送亲的，都必须双数。

新娘上轿前，新郎要给起床包、梳头包、厨师包等红包。快到上轿的时辰，轿夫要喊：“扮上轿喽！”然后，姑娘由“利市嬷嬷”梳头，披红戴彩。上轿前要吃“上轿饭”，上轿饭要装得满满的，俗语说：“白米饭平鼻头，过日子不要愁。”上轿饭由新娘的父亲端送到嘴边，但此时新娘并不想吃饭，因此只要象征性的嘴唇碰一下米饭即可。新娘要由八字好的男人（称“利市爷爷”）抱上轿，或舅父，或父亲，或兄弟。上轿时，鼓乐齐鸣，鞭炮齐放，有人高喊：“新妇上轿了，让道让道！”其意是请寡妇、孕妇避开，俗因新娘“上轿忌大肚，下轿忌寡妇”。这时新娘一定要哭着上轿，有的新娘哭声小，母亲就狠掐她的大腿，使其大哭，所谓“越哭娘家越发”。母亲陪哭时须站在门口稍高的地方（一般在楼上）哭，表示女儿娘家的辈分比婿家高一些的意思。花轿抬起后，新娘的兄弟要拉着花轿退三次，谓之“留轿”，然后才能抬出大门。

迎亲队伍前面一般有两盏长圆形的堂灯。一盏灯罩上写男家的姓（如“徐府”“郑府”），另一盏则写“庆余堂”或“积善堂”等堂名。堂灯的后面有两人各背一面旗，大敲大锣，后面是四个吹鼓手，再后是两个人各背着一根挂着小红灯笼的连叶连根

的小竹，称为“子孙竹”，然后是新娘的花轿、“跟帐姑娘”等。有的花轿轿套的四周挂八个小佛，称“八仙佛”。有的女家还备大舅轿跟在花轿的后面同去。花轿路过各村时，有的村上妇女要看新娘的相貌，可拿一面大托盘放在路的中央，轿夫即把花轿停在托盘上。看新娘的村妇每人手端鸡蛋和糖茶，递给新娘时随手掀开盖头遮巾偷看。花轿行至村口，放火炮“通报”，家里放火炮“回应”。

迎亲队伍快到女方家门口时，“领轿”放火炮通知，女方闻声放火炮接应。女方便将大门紧闭，不让进门。双方继续边放火炮，边从门缝或狗洞处塞进红包，女方放一只，男方要放三只，称为“开门包”，名目繁多。此外，还要给女方红烛若干，女方屋里甚至厕所里都点起红烛。在此过程中要不停地放火炮，放得越多，丈母娘越高兴。花轿也不能放在地上。有的地方有开门诀，女方一人站在门内，喊一句，男方就要塞进一个红纸包。开门诀是：“一顶恭喜，二榜进士，三中状元，四季发财，五子登科，六六大顺，七姐妹，八仙过海，九子同心，十全十美，加子

迎亲

加孙，满堂红彩。”经过一番嬉闹之后，即开门相迎而入，或在此期间，若不慎让男方的人塞进一个带响的鞭炮，那女方就得打开大门，点燃鞭炮，将迎亲队伍请入家院。

花轿进院，但不能直接停在地上，而是要停放在天井里，下垫一个竹编圆形大托盘，意为“团团圆圆”“圆圆满满”。然后，领轿要偷火暖轿，即到灶炉里偷炭火加到原先轿内封了炭火的红漆火笼里，谓之“偷香火”。现在虽无轿可暖，但农村迎亲有的仍要提火笼去“偷香火”。

拜堂成亲

在鞭炮声、鼓乐声中，花轿进村到门口停下，开轿门的童女掀开轿门，由新郎和利市嬷嬷将新娘扶着出轿。新娘下轿先踩在圆圆的托盘上，寓意“团团圆圆”，然后进门。新娘脚不落地，而是用一只蓝布袋、一令草席（有的用两只布袋），从大门口到中堂的地上，接连铺设，让新娘脚踩着兰布袋、草席缓步行走，一袋接一袋，一席接一席，寓意代代相传，世代沿袭。

进入中堂，新郎、新娘即行拜堂礼，“一拜天地”“二拜高堂”“夫妻对拜”，礼毕，由新郎抱着新娘入洞房。

新娘送进洞房后，新郎新娘同坐在新床边，男左女右，由新郎用秤杆挑去新娘的红盖头巾，表示以后生孩子像秤杆上的秤花一样多，生活过得称心如意。武义宣平一带则由一个十岁左右的孩童挑红盖头。一边挑，一边说：“手里拿把秤，秤钩挑红巾，红巾圆圆，生个孩子做状元！”

新娘揭开红盖头，跟帐姑娘先要给新娘洗脸。洗完脸要改梳媳妇头，姑娘出嫁时梳的是女儿头，到夫家已是新媳妇，要换装梳成媳妇头。由利市嬷嬷给新娘改梳媳妇头，新娘要给利市嬷嬷一个梳头包。

拜堂

接着，是吃“和气面”，以示夫妻团圆。有的地方是新郎新娘交碗吃面条；有的地方是用红头绳系鸡腿，新郎新娘同时啃鸡腿；有的地方先喝糖茶，后吃“和气面”，还要喝交杯酒，称“和气酒”。

请喜酒

娶媳妇是人生中的大喜事，新娘过门后要大摆筵席，请人“喝喜酒”，俗称“请喜酒”，以示庆贺。

中午这一餐为请“新媳妇”，新妇席设在中堂正中上座，贺喜客人全部到席。晚餐为“请大舅”，大舅席设在中堂正中上座。要选几个酒量好的客人陪着大舅喝酒，尽量把大舅灌醉，以示客气。

宴席上，好菜好酒，十分阔气，客人们猜拳豁码，尽情吃喝，有人喝得酩酊大醉，才算主家客气。

请喜酒

闹洞房

闹洞房，也叫“吵新娘”“吵大舅”。吵新娘者想方设法把新房中的棉被、枕头、新娘的头饰、箱子等物“偷拿”出去。“偷拿”之物要由大舅赎回，赎钱用以买烟买糖，分给“吵新娘”者。还可以“吵大舅”，设法把大舅的鞋、帽等物“抢走”，要大舅用烟、糖赎回。

回门

回门，俗称“转面”，即回娘家门。新婚第二天，送大舅回家时，要接新娘回娘家“转面”。备一格“实地糕”、一担粽子或馒头，俗称“大舅担”，插香柏、万年青。娘家再派一个大舅（或亲房至亲）到新郎家接新娘，当天回夫家，不在娘家住宿过夜。

新婚第二年的正月初二，由大舅来接新郎新娘去娘家拜年，叫“接大归”。由大舅带领新郎新娘，分别到娘家的亲戚家拜年。头一年拜年要备一对点心，古时为荔枝、元眼（桂圆）各一包。

闹洞房

回门

报生

孩子出生后，其父提一把酒壶到丈人家报生。生男者，酒壶嘴朝前，壶嘴底部挂两个用红绳系着的桂圆，壶嘴插红纸包扎的香柏和万年青，壶内装满酒；生女者，壶嘴朝后，无任何装饰。

岳母收下酒后，回一壶糯米或粳米，上放一双红鸡蛋，俗信孩子吃娘家的米身体更强壮。然后，岳母把报生酒给邻居分享。

报生

抓周

当宝宝满一周岁时，有个非常有趣的抓周习俗，这是从古时候开始一代一代传承下来的习俗，是对孩子未来的美好祝福。

古代的达官贵族最是看重“抓周”这个习俗，他们希望子孙满堂，富贵高升。如今的年轻父母们，把“抓周”当成一种娱乐来与孩子玩耍。

“抓周”这一民间习俗，可上溯到南北朝时期。

北齐颜之推《颜氏家训・风操》中就明确记载：“江南风俗，儿生一期（满一周岁），为制新衣，盥浴装饰，男则用弓、矢、纸、笔，女则用刀、尺、针、缕，并加饮食之物及珍宝服玩，

置之儿前，观其发意所取，以验贪廉愚智，名之为拭儿。”

到了唐宋时期，这一风俗已从江南传遍了神州大地，在全国各地逐渐盛行开来，谓之“试晬”或“周晬”。

宋代孟元老《东京梦华录·育子》中记载说：民间生子后，“至来岁生日，罗列盘盏于地，盛大果木、饮食、官诰、笔砚、算秤等经卷针线应用之物，观其所先拈者，以为征兆，谓之‘试晬’，此小儿之盛礼也”。

抓周

吴自牧在《梦粱录》中也记载说：一户人家小儿满周岁时，“罗列锦席于中堂，烧香秉烛，金银七宝玩具、文房书籍、道释经卷、秤尺刀剪、升斗戥子、彩缎花朵、官楮钱陌、女工针线、应用物件、并儿戏物，却置得周小儿于中座，观其先拈者何物，以为佳谶。”

到元代之后，此习俗更加盛行，被称为“期扬”。到了清代才有了“抓周”“试周”之称。

贺寿

俗谚：“三十做寿本钱硬，五十做寿保本身，六十做寿子孙多，七十做寿老来福，八十做寿赛神仙，九十一百圆满寿（又称五代图）。”二十不做寿，称之过生日，贺三不贺四，即阳人不做四十寿，因忌“四”与“死”谐音。

民间习俗，五十岁以上的逢十生日为大寿，每逢大寿，习惯上要行庆贺之仪。父母大寿，女儿除担糕粽及衣服鞋袜外，还得担寿酒、寿对寿轴，其他亲戚也要送礼，多为衣服、布料或红包。主家要大摆酒席，宴请亲朋及族亲邻里。其规模大小视家庭情况而定。

寿礼仪式主要有：

暖寿　在寿辰前一天，儿女、媳妇或女婿及其他亲戚须把寿礼献上，全摆在中堂方桌上，中堂红烛高照，谓之暖寿。

拜寿　寿辰之日，早上起床梳洗后，即行拜寿仪式。寿星端坐中堂靠椅上，从儿子、儿媳起依长幼次序一对一对地跪拜，拜时口念：保佑×××健康长寿。

吃寿面　拜寿完毕即吃长寿面，长寿面为索面，索面不能折断，面长寓意寿长，每碗两个鸡蛋。全家人每人一碗寿面。地方小的村子，给每户送两碗长寿面；地方大的，仅送左邻右舍。

摆寿筵　中午宴请贺客，向寿星敬酒祝词，燃放烟花爆竹助兴。

演寿戏　旧时，有的人家祝寿专门请戏班演寿戏。现在有的村几个同岁的寿星可以同请戏班演戏，也有的请人放电影，以示祝贺。

贺寿

九 文娱篇

与人们生活息息相关的许多社会活动，既有强烈的娱乐功能，也有深厚的民俗内涵，都具有鲜明的地域文化特色。

随着时间的推移，许多民俗活动渐行渐远，不再风光依旧，但总是让人魂绕梦牵，留下挥之不去的永恒记忆。

街头的小人书摊，是最让小孩们流连忘返的地方，一分钱看一本小人书，看了一本又一本，常常忘了吃饭。街上“吹糖人”造型各异，色彩漂亮的糖人，风靡一时的“看西洋镜”，都非常吸引孩子们。

打陀螺、跳绳、玩弹弓、放风筝、折纸飞机、打水漂、荡秋千、踢毽子、滚铁环、打弹子、下棋这些古老而传统的儿童体育游艺活动，令一代又一代的孩童陶醉。

看戏、听道情、耍猴、演杂技、斗牛、迎台阁、迎大蜡烛、赛龙舟、推端午船、迎龙灯、舞狮子、走马灯、踩高跷、浪街等充满乡土风情的民俗文化活动，则是地域特色文化的典范。

小人书摊

连环画，旧时称“小人书”“小书”。20世纪50至80年代，每个县城的街头巷尾都有专门出借“小人书”的书摊。书摊最讲究的是用木板钉成可开合的书夹，板上钉上横条，做成上下多格，隔条上摆放图文并茂的小人书。书夹往墙上一靠，一字摆开，书夹前摆放几条矮长条木凳和几张小凳。也有简单的小书摊，就在地上铺块油布，摆上小人书，弄几张小凳就开张了。

小人书有整套的《三国演义》《水浒传》《西游记》《杨家将》等，也有单册的《祝福》《三毛流浪记》《白毛女》《铁道游击队》《南征北战》……当时看一本小人书，厚点的只要一分钱，薄点的可一分钱借二本。整套的可花费不起，只好每次看一本或者几个小鬼串通好，分别借不同的小书，看完后交换看，大家躲着摊主捉迷藏似的。那年头没有多少娱乐项目，看小人书就成了中小学生最大的乐趣。那时学生负担轻，也没什么家庭作业，放学又早，小书摊就成了孩子们最好的去处。花上几分钱坐在小书摊前，笃笃定定看上几个小时，有时竟忘记了回家。

小书摊看的人多，书也容易损坏，摊主会把破旧散页的书用蜡线重新装订，包上牛皮纸，外贴原书封面，这样又成了一本扎

小人书摊

实的小书了。那时小人书摊不仅小孩喜欢看，连大人也会挤进小孩世界争看小人书。

如今，小人书摊那快活的时光已成了记忆。

吹糖人

旧时，各个城里的热闹地方常有来自北方的“吹糖人”的，他们肩挑一副担子，担子一头有只顶部装有横梁的木箱，横梁上布满小孔，上面插着造型各异、色彩漂亮的糖人，有孙悟空、猪八戒、关公、公鸡、金鱼、老鼠上灯台……木箱上面摆放着一只罗盘（模仿古时用以测“风水”的罗盘模样的圆盘），上面画着宽窄不等的由圆心向外呈辐射状的格子，格子上写着“公鸡”“葫芦”“关公”“老鼠”“孙悟空”……罗盘中间有根固定在圆心上的转杆，转杆顶头垂着一根小针。买糖人转动转杆，当转杆停止时，小针就指定在某个格子上，这就是玩者得的奖品。奖品越大，格子越窄，命中率越低，最大的格子一般就是糖豆两颗。罗盘底下的木箱装有小炭炉和铜箱锅，铜箱锅里装着琥珀色的稀糖。担子另一头装的是原料、工具、竹签和木炭，歇担做生意时又当坐凳用。

吹糖人

早年在武义县城戏院门口、五圣堂弄街口以及乡村庙会、社戏场所，都有吹糖人的踪影。吹糖人担子一到，立刻有人围观。特别是小孩子，他们瞪大眼睛看着吹糖人的把一滴糖用嘴吹手捏，变戏法一样成了一个个活灵活现的关公、孙悟空、大公鸡。看着好看又好吃的糖人，孩子们吵吵嚷嚷要大人买，当时只要两分钱就可以上去转一下，如能转到个“孙悟空”就喜出望外蹦蹦跳跳，舍不得吃，一路跑回家；如手气不好转到“两颗糖豆”，就垂头丧气缠着大人再给钱转一次。

那时吹糖人的手艺，让我们这代人记忆犹新。新中国成立后有段时间吹糖人的为了生意好做，用几支牙膏皮换小糖人也可以。在那经济不富裕的年代，人们就会收藏牙膏皮，到时去换糖吃。

看西洋镜

小时候，在武义县城北门路天妃宫附近，常有外地人在空地上搭起个支架，上面摆上大木箱，木箱外面绘有花边，上面写着“西洋镜”三个大字；木箱下三个面开有圆形镜孔，孔里装有空透镜片，后面照有许多画片。人们将眼睛凑在洞孔前观看内部的情景，就是风靡一时的“看西洋镜”。

那时没有电视，这种在清朝就从西方传进来的新玩意儿，画片内容反映西洋风情，特别新奇好玩。西洋镜箱子一搭好，立刻就有一群小孩围上来，争抢位子看西洋镜。那时花上两分钱就可以看一盘，放西洋镜的师傅在旁不断拉动画片，箱子里的画面在变换，画面内容有西洋风景、洋人美女、神话传说。由于镜孔中观看的内容新鲜又多，看了一盘还想再看。小孩子始终兴头十足，只要在父母那里讨得了钱，跑去看西洋镜。不但小孩子爱看西洋镜，大人也好奇地争相去看。

后来，西洋镜被当作“封资修”的产物，再加上电影、电视的普及，便退出了供人娱乐的舞台。

看西洋镜

打算盘

算盘，是我国汉族祖先创造发明的一种简便的计算工具。使用算盘，俗称“打算盘”，在电子计算器普及前，为我国民间的主要计算工具，更是商店普遍使用的计算工具。打算盘熟练者速度极快，有的可以左右开弓，双手同时拨珠计算；有的可以放在头顶上，或放在桌面底下拨珠计算，保证计算不错。

算盘是长方形的，四周是木框，里面固定着一根根小木棍，小木棍上穿着木珠。中间一根横梁把盘分成上下两部分，每根木棍的上半部分有两个珠子，每个珠子代表五；下半部分有五个珠子，每个珠子代表一。

用算盘计算称为珠算，珠算有对应四则运算的相应法则，统称珠算法则。随着算盘的使用，人们总结出许多计算口诀，使计算的速度更快了。用时，可依口诀，上下拨动算珠，进行计算。相对一般运算来讲，熟练的珠算不逊于电子计算器，尤其在加减法方面。

打算盘

北宋名画《清明上河图》中赵太丞家药铺柜就画有一架算盘。由于珠算盘运算方便、快速，几千年来一直是汉族劳动人民普遍使用的计算工具，即使是现代最先进的电子计算器也不能完全取代珠算盘的作用。联合国教科文组织2013年在阿塞拜疆首都巴库通过认定，珠算正式成为人类非物质文化遗产。这也是我国第30项被列为非遗的项目。

打陀螺

打陀螺是古老的汉族民俗体育游戏，也是一种古老的中国儿童游戏活动，流传甚广。陀螺为木制的圆锥形，上圆下尖。将尖头着地，以绳绕螺身，然后旋转放开鞭绳，使陀螺旋转；或用手直接旋转陀螺，待陀螺着地，以绳抽之，使之旋转。

跳绳

跳绳，是一人或众人在一根环摆的绳中做各种跳跃动作的运动。跳绳有单脚跳、单脚换跳、双脚并跳、双脚空中前后与左右分跳等多种方法。跳时，摆绳与踏跃动作要合拍，可一摇一跳，也可一摇两跳乃至一摇三跳。摇绳的方向可前可后。跳长绳时可两人同时摇动，集体轮流跳或同时跳。跳跃时还可按不同情况编排各种动作花样，也可用节奏与旋律适宜的歌谣伴唱。除花样跳绳外，也可按一定距离，边摇绳边跑向终点，比赛速度。

跳绳时宜前脚掌着地，不要穿皮鞋及硬底鞋，绳的长短粗细也要合适。跳绳不仅可以促进少年儿童身体正常发育，还对发展其灵敏度、速度、弹跳力及耐力等方面身体素质也有良好作用，所以被广大青少年所喜爱，还常用作各专项运动训练的辅助练习。

打弹弓

弹弓，俗称“皮弹”，是一种冷兵器，也可做儿童游戏工具。弹弓一般用树木的枝桠制作，呈“丫”字形，上面两头系上皮筋，皮筋中段系上一块包裹弹丸的皮块。威力视乎皮筋的拉力而定，皮筋拉力越大，弹弓的威力也越大。

弹弓的原理与弓箭的原理相同，都是利用弹射力来进行发射，只是弹弓用的是弹丸，而弓箭用的是箭。在古代传说中，泰山诸神爱好狩猎，其猎必用弹弓。但由于弹弓比弓箭轻便易携带，使用起来也比较方便，且近距离的杀伤力也不弱，因此在民间流传较广。在许多武侠小说中，弹弓被侠客们作为武器使用。

放风筝

放风筝，古称放纸鸢，为民间传统游戏。俗语“正月灯，二月鸢”，一些纸鸢爱好者，尤其是孩童，大都于春风和煦的二月、三月，以各种造型的纸鸢扶摇长空，在那明媚的阳光里，相互比翼，争奇斗艳。

打陀螺、跳绳、打弹弓、放风筝

风筝的技艺全在做工，从扎细竹骨架，到糊以纸绢，涂以彩绘，调准提线，系以长线，各道工序十分讲究。

金华民间纸鸢以衣裳鸢最为普遍，还有蜈蚣鸢、蝴蝶鸢等。民间纸鸢一般以竹篾作架，糊以油光纸，绘以图画，将线用力均衡地系于竹篾架上，数股线合于一起后，留一股线拉长，视纸鸢大小和孩童的放飞情况决定线的长短，一般线越长，放得越高。

荡秋千

秋千的起源，可追溯到几十万年前的上古时代。那时，我们的祖先为了谋生，不得不上树采摘野果或猎取野兽。在攀缘和奔跑中，他们往往抓住粗壮的蔓生植物，依靠藤条的摇荡摆动来上树或跨越沟涧，这是秋千最原始的雏形。

秋千最早称为“千秋”，传说为春秋时代北方的山戎民族所创。开始仅是一根绳子，双手可抓绳而荡。后来，齐桓公北征山戎族，把“千秋”带入了中原。至汉武帝时，宫中以“千秋”为祝寿之词，取“千秋万寿”之意，以后为避讳，将“千秋”两字倒转为“秋千”。后来，逐渐演化成用两根绳加踏板的秋千。到了唐宋时代，秋千成为专供妇女玩耍的游戏，以练习轻捷、矫健。

荡秋千分单人荡、双人荡、立荡、坐荡等。荡秋千可以使人心旷神怡，锻炼身体和意志。一些地方的民俗认为，荡秋千能祛除疾病。这也许就是荡秋千能世代相传、经久不衰的原因。连那些不会走路的孩子和年过古稀的老人，也要在别人的扶持下荡上几下；青少年男女和壮年人就更不用说了。荡秋千也常常是青年男女相遇、接触的好机会。这是一种有益于身心的民间传统体育游艺活动。

踢毽子

踢毽子，起源于汉代，盛行于南北朝和隋唐，至今已有两千多年的历史，是中国民间体育活动之一，也是一项简便易行的健身活动。它深受青少年儿童尤其是少女的喜爱。

毽子的制作很简便，只需用一小块布，包上一枚铜钱和一小截下端剪成十字形开口的鹅毛管子，用针线缝牢，成为底座；再在未剪开的鹅毛管子上端插上七八根鸡毛就做成了。鸡毛最好是雄鸡的，又长又好看，也好踢。

踢毽子活动便于开展，它对场地要求不高，只需一小块比较平坦的空地，三四平方米即可，越是技艺高的越要求场地宽敞。毽子的踢法多种多样，既可以比次数，也可以比连踢的时间，还可以比踢的花样。

打弹子

打弹子，又叫“打弹珠”“打弹球”，起源于儿童随手拾起地上的小石子随意弹射，继而有意弹射某一目标，最后发展成一种游戏。

打弹子的方法主要有两种。

方法一：

1. 在地上画一个圆圈，参加者每人同出几粒弹子放到圈内，包括一个容易分辨的弹子当作“母弹”。

2. 在距离圆圈约1米的地方画一条直线，大家一起把“母弹”往线的方向抛去，要尽量靠近线又不超过线，以此决定每人打弹子的顺序。

3. 站在直线后方，将自己的“母弹”向圆圈中的弹子弹去。如果都没有将圈中弹子打出圈外，就换下一个人玩，而且自己的“母弹”不能拿走。下次轮到自己时，再从自己上一次弹子落点继续打。

4. 如果击中别人的“母弹”或将圆圈中的弹子击出圈外，弹子就属于击中者所有。但是“母弹”不能停留在圆圈中，否则将丧失继续打的资格，而且还要将之前所有击出获得的弹子全数“吐”出来，但是他却有权利把圆圈内的弹珠重新排列位置。

方法二：

1. 地上挖五个洞，一个较大（约5厘米，作为死洞），另外四个较小（约1.5厘米）。由起点开始将弹子依照1、2、3、4洞的顺序弹入洞中。

2. 玩的过程中，不能将弹子弹入死洞之中，否则就必须回到起点从头开始。如果发现有人的弹子已经快要接近洞口，可以用自己的弹子把它弹走。

3. 将弹子依序弹进洞里后，再反弹回起点，最先到达的就是胜利者，可以赢得其他人的弹子。

荡秋千、踢毽子、打弹子

滚铁环

滚铁环，是中国汉族一种传统游戏，在20世纪六七十年代盛行于全国，直到90年代末几乎完全消失。孩子们手捏顶头是“V”字形的铁棍或铁丝，推一个直径65厘米左右的黑铁环向前跑，发出“唧唧唧”的声音。有的还在铁环上套两三个小环，滚动时更响。滚铁环是那个年代男孩子的炫技宝物，拥有铁环就如同当今的孩子带着滑板上学一样，非常风光。当时有些农村的孩子找不到真正的铁环，就用农家箍水桶的铁圈或竹圈代替。

滚铁环的玩法是用铁钩推动铁环向前滚动，以铁钩控制其方向，可直走、拐弯。滚铁环的动作有一定的难度，需要一定的技巧。技术好的孩子能把铁环从家一路滚到学校，绕过各种障碍，甚至可以上台阶。只要是人能行走的路，就能滚铁环。那时候在放学的路上，经常可以看到一群背着书包的男孩子，手里拿着铁钩，推着铁环奔跑在马路上，“唧唧唧”的声音响成一片，场面颇为壮观。

滚铁环的速度快慢均可，但太慢会倒下去，像骑车一样。跑多快则没有限制。滚铁环的技术一学就会，又熟能生巧。技术

滚铁环

好的人，单手拿铁钩将铁环往前一送，铁环就能乖乖转动起来。滚在路上也能“停车”，即铁环斜靠在“车把”上，要滚时弯钩轻轻起动就行。累了，用弯钩钩住铁环，往肩上一扛，那姿势极为潇洒。滚铁环个人活动、集体竞赛均可。有50米或100米竞速，有100米障碍（如绕树丛、过独木桥）、4×100米接力等比赛项目。比赛时，一般比谁推得远、推得快，铁环倒地为输。

滚铁环是一项深受少年儿童喜爱的运动项目，自娱性强，还可以锻炼人的协调能力和平衡能力。但是，随着少年儿童现代生活内容的逐渐丰富，尤其是机动车日益增多，给滚铁环活动带来了很大限制，曾有着广泛群众基础的滚铁环活动，已经退出了人们的视线。

打水漂

旧时乡间，孩子们在小溪边、水塘旁玩耍时，常常会玩“打水漂”，这是在民间广泛流传的一项非常古老的“比赛”活动。

对于乡村的孩子，闲来无事时经常会结伴到村口的水塘旁、村外的小溪边玩耍。当孩子们看到平静如镜的水面时，就会有人提议“打水漂”，大家就会不约而同地一致响应。

“打水漂”，就是每人就地捡来身边平整的小石饼，一个个轮流着把自己的小石饼甩向水平面。石饼在水平面上跳跃，劈划出一连串的水漂，泛起一长串的涟漪。比赛以各人劈划出的水漂多少论输赢。劈出水漂的多少，与石饼的厚薄、甩石饼的力度、角度有很大关系，掌握得恰到好处，水漂自然就会多。这种“比赛”活动，孩子们乐此不疲，兴趣极浓。

打水漂

纸飞机

记得20世纪六七十年代，在小学校园里，孩子们课间休息时玩得最热门的就是玩纸飞机、打陀螺、滚铁环。而纸飞机最常见的一种叫“猎鹰”。

折这种纸飞机仅需6个步骤，可以使用一张长方形的纸来制作。

首先把纸张左右对折，形成一道纸张中间的折痕；然后打开，把左上及右上角折向中间的折痕；再依先前的中间折痕，左右对折。接下来进行最重要的步骤，也就是折机翼的部分。把纸张钝端（下方）的两侧纸张向外侧翻折，而不是向内侧折。

一架传统简单的纸飞机就完成了。

放纸飞机

社戏，浙中农村俗称“做戏”。旧时的社戏有的是为了祭神，有的是例行的娱乐，俗称“做平安戏”。

浙中金华地区喜欢婺剧和昆剧。婺剧是金华地方戏，已有400多年的历史，现为国家级非物质文化遗产项目。以前，每个县（市）都有一个专业婺剧团，农村还有很多业余婺剧团。武义陶村则是昆剧的传承发祥地之一，在当地被称为“陶昆”，也叫“草昆”，后来曾成立县昆剧团。目前，武义陶村仍有昆剧演唱活动，已成为苏昆流传到金华一带仅存的一个支脉，现为浙江省级非物质文化遗产项目。同时，武义县柳城、桃溪、新宅一带山区还有木偶剧团，俗称“傀儡头戏”。

旧时，演戏有很多戏俗，如凡演小生斩首或花旦打屁股戏时，当场要给扮演者包“利市包”，俗谓“扫晦气”；当有为官者及太太、小姐到场看戏时，戏子可装扮成天官或娘娘的模样到他们座前朝拜，受拜者必给戏子赐以红包。

戏班必须遵守一定的戏序戏规，如戏班新到一地演出，头夜戏要先行“接佛”“闹花台”“叠八仙”，之后再演正本。新戏台开演，俗称“开新台”，要先行“祭台”。戏班到某地古戏台演出，如果该戏台在以往的演出中有过演员伤亡的，同一角色的演员在

社戏1

演出前要行祭礼，以求演出平安。

社戏2

民间传说戏剧的祖师是唐明皇，故许多戏班备有唐明皇的塑像以供奉。而戏班中的小丑则是唐明皇的化身，故戏班过场时，唐明皇的塑像必由小丑背迎，用膳时也有小丑未到不得开饭的规矩。

民间还有请两个以上戏班在同一地点搭台演出，进行“斗台”的乡风。“斗台”，俗称“拼会场”，其演出戏班特别认真，台下观众人山人海，哪个戏班演得好，即挤到哪个台前观看。台上卖力，台下热闹。

耍猴

从前，经常可以在街路边或在农村的村口路旁看到“耍猴”的场景。耍猴曾经是民间艺人养家糊口的行当。

这些耍猴人大多来自河南，他们挑着担子出来，箱子里放着针线，靠耍猴来吸引人群，然后向围观的人兜售针线。就像过去耍把式卖艺的，人来了就兜售大力丸之类的产品。后来，慢慢产生了变化，变成挣现钞。耍猴人每到一地，便敲小锣吸引人群，看有人围过来了就开始耍猴卖艺；表演结束，再捧着小锣向围观者讨赏钱，围观者随意从口袋掏几个小钱丢到小锣里，给与不给由围观者随意，不强求强要。

耍猴

演杂技

杂技表演是旧时民间常见的演艺活动。其组织表演形式或由演出场馆包场卖票，或由杂技表演团队包场馆自行卖票，或杂技表演团队随便在街头巷尾或农村空旷地上围地搭棚表演。

民间常见的杂技表演项目一般有顶技、蹬技、转碟、耍花坛、走钢丝、爬竿、吊子和口技等。

顶技：演员用头、额或鼻顶棍棒，或用口衔棍棒，在棍棒顶端置灯、瓶、缸、桌、碗、蛋等光滑易碎或笨重的物件，以显示演员掌握物体重心平衡的技艺。复杂的有在一根棍棒上摆列几层玻璃杯、灯盏、鸡蛋等。有的演员可同时表演手技或吹奏乐器。

蹬技：演员仰卧在特制的凳上，双足向上，用脚尖、脚底掌握。所演较多的有蹬缸、蹬板、蹬桶、蹬桌子、蹬人等节目。另有“蹬梯”，以长梯竖置在演员脚底，由演员一至数人攀梯表演各种动作。此外还有双人对蹬的“双蹬缸”等。

转碟：也叫“耍花盘”。演员双手持两三根细竿，各顶一个碟

子的底，借腕力使之飞快转动。要求在做筋斗、背剑、叼花、单臂倒立等难度很高的动作时碟子不跌落。专业的演员双手能耍十个左右的碟子。

耍花坛：演员将各种大小不同的瓷花坛、大缸或酒坛轮番用头顶、手扔、脚踢、臂滚，使之翻滚旋转。又有双人表演，两个演员用头将花坛顶来顶去，叫“对顶花坛”。

走钢丝：演员在一根两头拴住的钢丝上来回走动、坐卧站跳、上梯、骑车、翻筋斗或表演舞蹈和各种杂耍等。有软钢丝、硬钢丝、走大绳等数种表演形式。

爬竿：一般是立金属长竿于地，一人或数人爬至竿的上端，表演各种惊险动作。也有将竹竿竖立于演员肩上的，叫“杠竿”“夯竿”或“顶竿”。

吊子：于高空梁柱悬挂两根绳子或铁索，下端系横杠，形似秋千，名为“吊子”。演员在吊子上荡前荡后，做出双足倒钩、凌空旋转等动作。吊子节目花样繁多，有“头顶吊子”“空中坐椅”等。也有相对悬挂两副以上吊子的，由两个以上演员表演，借摆动之力，凌空飞跃至另一吊子上，或由另一演员接住，叫“大飞吊子”，也叫“空中飞人”。

演杂技

口技：演员运用口腔发声，模仿虫、鸟、走兽、器械或某些人类生活活动的声音，如军队出操、婴孩啼哭等。表演时配合动作，以加强真实感。

民间杂技有严密的师承传统，杂技艺人尊师重艺，对先辈传下来的技艺，总是千方百计地保存下来，传承下去。

唱道情

唱道情，俗称“唱词筒”“唱新闻”。道情艺人大多为盲人。一根长约三尺的竹筒，一头蒙上一张猪油皮，拍打发出“嘭嘭”响；两片寸宽、二尺五寸长的竹简，敲打发出“吉蓬”声。就是这样一副普普通通的情筒、简板作为击打乐器，曲调如诉如泣、委婉飘逸，深受城乡百姓喜欢。每当夏季皓月当空之夜，男女老少围坐于村头、庭院、晒场，数十数百人静听到深夜而不倦。

道情属单口坐式说唱艺术，所唱曲目分滩头和正本，滩头为短篇曲目，是开头戏，在正本前演唱，内容多为风趣幽默的小故

唱道情

事，以吸引听众；正本才是故事正文。传统曲目多为口头创作，没有文本，也不陈述作者，每个曲目都靠师父口授流传。有的连本道情可以唱十多夜，必须靠反复强记。传统曲目多为宣传除暴安良、伦理道德、忠孝节义的内容，人物有英雄豪杰、帝王将相、才子佳人、神仙鬼怪等。

座唱班

座唱班，亦称“锣鼓班”或“什锦班”，以民乐合奏、戏曲演唱相结合，是浙中地区广泛流传的、边奏边唱的娱乐形式。座唱班少则六七人，多则十余人。乐器有先锋、笛子、梨花、吉子、徽胡、月琴、大钹、小钹、大锣、小锣、鼓等。唱者分生、旦、净、末、丑，自奏自唱，个个多才多艺。座唱班的曲种以婺剧为主，包括高腔、昆腔、徽戏、乱弹、滩簧、时调等。

旧时，座唱班不仅大的村庄有，山区小村庄更为盛行。村庄大，各种人才都有，组织座唱班并不难，共同爱好者结合在一起开心愉悦；而山区小村因村庄小，一般请不起剧团演戏，村里人自愿组合成立座唱班，在自娱自乐的同时，也为村民带来了欢乐。

座唱班1

座唱班2

下象棋

下象棋，俗称“走象棋”，是一项历史悠久、流传广泛的传统休闲体育活动。它早在千百年以前就已经存在，是中华民族的文化瑰宝。

中国象棋是一项模拟战争的体育运动，蕴含着丰富的知识与智慧。要取得象棋比赛的胜利，往往需要敏锐的思维，高度的分析能力、判断能力及预测能力。

在浙中一带农村，民众下象棋一般在农闲或劳动休息时。农闲时节，爱好下象棋的人一般会聚在某个棋友家里，摆开棋盘，相互切磋几盘。有的甚至劳动时也会带上象棋，等休息时会席地而坐，摆开棋盘杀几盘。下棋有个最大的规矩就是“落子无悔”，经常“悔子”者会被人瞧不起，棋友不愿与其下棋。

下象棋

象棋集文化、科学、艺术、竞技于一身，不但可以开发智力，锻炼人的毅力，而且可以修身养性，陶冶情操。尤其是对于青少年来说更加有好处，能够锻炼他们的思维能力和推理能力，甚至是对于他们日后的生活和学习有极大的影响，对于培养成年人的商战头脑及老年人修身养性也都大有益处。所以象棋深受广大民众喜爱。

斗牛

斗牛，俗称“旯抄牛”或“抄牛角”，或“操牛”。参加斗牛的牛也叫“操牛”，是未经阉割的公牛，俗称“黄牯”，但其实多呈乌黑色。操牛腿粗而壮，角短而粗，躯体硕大健壮怪眼圆睁，秉性凶悍。牛主人根据“操牛”的体形、毛色、习性以及相操技巧等特点，冠以艺名。比较武、喜进攻的牛，取名为“落田撞”“英雄虎”“闹金轮”等，比较文、善防守的取名为“大花旦”“小花旦”等，躯体较小而动作机灵的叫“老鼠挂”，毛色纯黑的叫“乌龙”，善用双角偏挑对方的叫“双歪刀”，善于顶

抵的叫“双牙挂”，长有六齿的叫“大陆牙”，还有的叫“铁榔头”“小金刀”“赵子龙”“武松”“花蝴蝶”等。操牛虽不犁田耕地，却“养尊处优”，生活十分受优待。除了喂青草、干草外，还喂以大麦粥、糯米粥和米皮糠之类的精饲料，有的甚至喂以鸡蛋和老酒。在斗牛前的一个月里更是精心饲养调教，特别是斗牛前几天，有的牛主人不惜代价，喂以人参汤、荔枝桂圆、蛤蚧汤等滋补品为其补养气力。操牛的牛栏也比其他耕牛更为清洁、干燥，有的甚至三伏盛夏给它点蚊香挂蚊帐，数九隆冬给它盖棉被。

斗牛场一般设在四周高、中间低平的水田，方圆三至五亩，田中灌以一层浅水，使田泥柔软适中，不致陷足为度。东西两端用毛竹扎起两座“龙门”，作为双方操牛的进出口；四周打桩，拦以绳索。斗牛场多属庙主或私人捐献。斗牛之日，四方乡民云集而至，各种摊贩也闻风而来“赶会场”，人山人海，把斗牛场围得水泄不通。

操牛上场前，牛主人早已给其喂以生肉、生鸡蛋，甚至灌饮参汤，每头操牛皆威风凛凛，精神抖擞，不可一世。斗牛前，操牛要先进行配对，选择条件不相上下的对手，双方协商同意后就能报名参赛。

斗牛

斗牛开始，鼓乐高奏，鞭炮齐鸣，双方各举起两面帅旗，帅旗下，预先约定的一对操牛由各自主人牵引缓步入场。当两牛接近，双方主人即抽出牛绳。此时，两牛拼力角斗，互不相让，使出架、挂、撞、抽、顶、落头等种种战术，颇为奇妙。两牛角斗之际，旁边伺候数位甚至数十位“拆手”。拆手系世代相袭，斗牛之期，饱食寺庙供给之酒肉。待两牛胜败初露，“拆手”便使劲将它们分开。

斗胜的操牛身价陡增，被洗刷清洁后，披戴凤冠红彩，背扎旗架，上插四面三角形龙凤彩旗，在锣鼓喧天声中耀武扬威、浩浩荡荡地回家。牛主人高点红烛，大放鞭炮，大摆筵席。不久便会有人托“牛媒人”登门“做媒”，要求买走此勇猛的操牛，专门用来角斗。如果牛主人舍得转让，成交后买卖双方就以牛亲家相称，养牛的牧童则被称为“牛大舅”。操牛过付之日，宛如嫁女儿、娶媳妇一般排场。操牛头戴描金绘彩、镶凤雕龙，缀以彩球的“牛凤冠”，身披写有艺名的红绸，背扛绣花彩旗，尾挂铜铃，前有旗幡仪仗、彩灯提护，后有笙箫鼓乐相随，用十六股合的牛绳牵着，招摇过市。此后，牛亲家殷勤往来，结为至亲。

迎台阁

迎台阁，是浙中地区流传较广的民俗活动，其称呼各地有所不同，如武义俗称“擎台阁”，而浦江则称“迎会”（负责举办活动的组织名称）。

台阁，是用木料制作成台桌，像个小舞台，选活泼秀丽的小孩装扮。小孩立于台上，或用铁棒把小孩顶得很高，悬于高空——经过服饰遮隐，小孩就像是站在枪口刀尖上的古代小英雄，威武、机灵；或化妆成戏曲故事，每桌一个故事场景。情节有姜太公钓鱼、小尼姑下山、白牡丹对课、武松打店、水漫金山、孙悟空三打白骨精等。台阁由大人抬着游行，故也称“抬

阁”，游行时，扮演者广袖长襟，迎风招展，凌空飞翔。

迎台阁规模不一，如武义县的迎台阁活动，以柳城和俞源两地最为壮观。俞源村的台阁，队伍浩荡，阵容庞大，由十个队组成。两把先锋及八支神铳为第一队；红黄两面像地簟一样大的清道旗、八面大旗及两面大锣为第二队；二十四面蜈蚣旗、三十面各色三角与方形旗为第三队；三十六副古代兵器（俗称“銮架”，有寿字枪、方天戟、阴阳镜、偃月刀、猛锤、长矛、神斧、镬、枪等）为第四队；四匹纸马，由八个少年一拉一推，一组乐队紧随其后为第五队；台阁队（六台台阁，每台用四人抬，每台后随小乐队）为第六队；令官队（两顶仰天竹轿，每顶轿两人抬，中坐小孩扮成令官，一顶轿令官面前置令箭，另一顶轿令官前面置黄绸包大官印），官轿前头四面回避肃静旗牌开路为第七队；大蜡烛队（两座锡制大蜡烛台，每台用两个壮汉抬，旁随一利市侬）为第八队；神亭队（木制，雕梁画栋的金銮殿）为第九队；执香队（由近三年考中秀才，后改为高小毕业生组成）为第十队。队伍多达四五百人，十分庞大。

武义擎台阁时间一般为每年正月十三，擎完台阁，正月十四即开始迎龙头。

迎台阁

迎大蜡烛

迎大蜡烛是流传于浙中武义、东阳等地的传统民俗活动。武义迎大蜡烛，始于南宋，兴于明代万历年间。目前主要流传于陶村、东垄两个陶渊明后裔集聚村，于每年正月十四举行。陶村迎大蜡烛，已发展为祭祀祈福与民间娱乐为一体的民俗活动；而东垄村迎大蜡烛，则完整保留着以祈福为主体的原生态风貌。

东垄村迎大蜡烛活动，每年由“16个头”主持操办。“16个头”指村中16岁以上的男丁，从最年长者开始往下轮流，每年16人，当年年龄最长者为首领。全村每人捐献一支小红烛，集中后熔化到一只古老的大蜡烛桶里，浇制成一支大蜡烛。正月十三鸣锣告示，村民戒荤吃素，供佛。正月十四凌晨5时鸣锣，提醒村人起床，是日迎大蜡烛祈福，须虔诚尽力。然后，将大蜡烛移至村中大明堂，鸣“迎聚锣”，村人闻声从四面八方聚集而来。8时，燃放鞭炮，道士主持做法事，祭拜丁、萧两位大王。尔后，擎大蜡烛游村，一路先锋开道，锣鼓喧天。大蜡烛在前，三顶大伞、禹王大帝、五谷大神、唐葛周“三元真君”等大旗小旗紧随其后，游遍全村。游行时，大蜡烛并未点燃，而是在蜡烛头上套一个形似两个大人与中间一个小孩、三人手牵手的大红剪纸罩，俗称“蜡烛花”。这“蜡烛花”是专门为沿途“求子”者准备的，凡家中有已婚未得子女者，只要点香祭拜送红包，即可取走蜡烛花，尔后，重新套上一个蜡烛花。相传，取者定能生儿育女，十分灵验。最后，大蜡烛进入村口本保庙（供奉保佑当地人的神仙），熊熊点燃，做法事兼占卜问卦，一派庄严肃穆之景象。大蜡烛在本保庙点燃三天三夜，“16个头”昼夜守护。最后大蜡烛燃尽，再次鸣锣告示，村人解素开荤，恢复生活常态。“16个头”根据占卜问卦所示，在一年中要了却“8个福”，以求这一年风调雨顺，五谷丰登，人财两旺，平安吉祥。

东垄村的迎大蜡烛，男女老少均献一支小红烛，积少成多，是一种原始的集聚人气，凝聚人心的方式。视大蜡烛为男性生殖器，拜取蜡烛花求得子嗣，分明是一种生育崇拜；占卜问卦祈福求祥，表达了人们崇尚美好的信仰与愿望。

迎大蜡烛

赛龙舟

赛龙舟是端午节的主要习俗，也是汉族最重要的端午节民俗活动之一，金华民间在端午节也有举行赛龙舟的民俗活动。

关于赛龙舟的起源，有多种说法，有的说是为了祭屈原，有的说是祭曹娥，也有的说是祭伍子胥、祭水神、祭龙神等。但在金华一带一般都说是为了祭屈原。相传，古时楚国人因舍不得贤臣屈原投汨罗江死去，许多人划船追赶拯救。他们争先恐后，追至洞庭湖时不见踪迹。之后，每年五月初五划龙舟以纪念之，借划龙舟驱散江中之鱼，以免鱼吃掉屈原的身体。

龙舟，顾名思义，是一条长十四五米，状如蛟龙的长舟。其制作非常讲究，舟头制造成龙头形，舟体画有龙鳞，宽度仅能容纳两排人坐下，要充分考虑力学原理，使龙舟在划行时阻力最小，运动员坐在舟上要保持龙舟重心平稳，不至于翻倒。赛龙舟时一般是20名队员分两排坐在龙舟中间，每人手拿一船桨用力向

赛龙舟

前划行；船头一名队员手拿彩旗司职指挥，船尾一名队员司职鼓手，用力擂鼓以振士气。

赛龙舟早已成为各地端午节一项最为热烈、最富激情，也充分体现中华民族努力奋争、拼搏向上精神的民俗活动。

推端午船

推端午船，又叫推龙船。旧时，武义县城城隍庙端午日要举行“送船逐疫”，俗称“推端午船”的民俗活动。

端午船用毛竹扎架糊纸做成。俗信每年扎端午船的毛竹，溪里双坑村一定要按时无条件地送到，否则，双坑山上的毛竹就会瘟光。扎船的日期限定初一开始至初五端午节前完成。端午船二丈多长，船上绑着五个象征“五鬼”的纸人，推端午船就是驱逐“五鬼”，祈求平安。

是日上午，道士在城隍庙各个角落催促“疫鬼”上船。推船前，由打锣开路的人围着船敲三圈，谓之“侧船”。推船的人由七名男青年组成。到午时正，一声爆竹响起，“端午船”离开城隍庙，沿着大街向东疾驶（从上街至下街）。整条大街的人顿时紧张起来，自动让出一条通道。推船的七名勇士个个骁勇，把船推得飞快，决不让“五鬼”有中途“逃跑”的机会。端午船所到之

处，两旁人群纷纷投掷银黄炮，这种炮点燃后会喷出浓烈的黄烟。还有人抛撒茶叶米，以避“邪气”。店家派人护船，以防船歪进“晦气”，大有“五鬼过街人人喊打”之势。端午船既要推得快，又要推得直，不许打弯，不许稍有停顿，要一鼓作气，从上街一直推出下街八素门外，抛进熟溪。

端午船刚过，满街正处黄烟滚滚、人声鼎沸之际，一尊菩萨由几个人抬着快步赶来，直向“五鬼”追去。这尊菩萨紫红脸膛，怒目圆睁，手执钢鞭，俗名张东平（唐代名将张巡），显然是受城隍派遣，正在执行驱鬼任务。继之而来的是城隍菩萨出巡的行列。前有仪仗开道，后有鼓乐相随，由四人抬着的城隍爷，缓缓移动，显出一派祥和气氛。然后城隍爷、东平神像还庙。推端午船时，附近农民、手工业者、商店均停工停业半天。

待城隍爷、张东平两尊“菩萨”回到城隍庙，端午戏随即开锣。每年照例由昆剧团演出，剧目也几乎每年不变，演一本《千秋鉴》，讲钟馗捉狐狸精；演一本《白蛇传》，讲法海斗白蛇精。端午戏要演十天左右。

那时，武义民间有“端午节不推，瘟疫要发生”的谚语。志书载，古代武义常有瘟疫流行，造成大量人畜死亡，故人们“送船逐疫”。县城以

推端午船

外的一些乡村，村民在端午日把一只小木船推到河里，也谓之“推端午船”。

相传古时永康有一个叫王崇的人，五鬼缠身，一老道人帮助捉鬼，封五鬼入酒坛，投之于武义港水中，王崇病遂愈。“五鬼坛”漂浮至武义，被人捞起打开，五鬼遂出，作祟于此。城隍得知，派判官捉五鬼，在端午日以竹扎船，送鬼出境。此后遂有此俗。

迎龙灯

古时，元宵节俗称“灯节”，迎龙灯是灯节中最热闹的民俗活动，俗谓“迎龙头”。相传，迎龙灯起源于唐代丞相魏征梦斩泾河老龙之故事，历史悠久，流传甚广。旧时，几乎稍大规模的村均有迎龙头之俗，且龙灯品类繁多，其中最普遍的当属“板龙”（俗亦称“板灯龙”“板凳龙”），其次还有布龙、草龙等。

板龙由龙头、桥灯和龙尾三部分组成。

龙头，下托以木板，上用竹篾做架，成龙头状，糊以棉纸，描上彩色龙鳞、云彩，刷上羊油，腮挑龙须，嘴衔龙珠，背插旌旗，上建“天灯”，下建“地灯”，制作极为精细，形态神威，栩栩如生。入夜，内点蜡烛，色彩艳丽，光亮通透，蔚为壮观。龙头的制作县内各地亦有异同，有的龙头由数十个形象各异，俗称“龙灯佛”的戏曲人物层层高叠而成。如俞源村的龙头，下有三片木板组成三脚架，中间一片稍长的接龙身，上用竹片扎成方形塔，塔高四层，每层制12个戏曲人物，计48个，俗称“龙头佛”，每个“龙头佛”前配一盏彩纸透雕花灯。有的则用数十盏形态不同的花灯组成。旧时，龙头的制作由族中各房头轮流负责监督和资费，现为以村为单位，群众自愿捐款筹制。

桥灯，下托一板（约190厘米×16厘米×5厘米），俗称“灯桥板”，木板两端各设一孔，用以连接，板上设有灯架，每板两支，用以装套灯罩。灯罩千姿百态，花鸟鱼虫、亭台楼阁、器具物件、瓜果蔬菜……应有尽有，举不胜举，盏盏描金绘彩、光彩

夺目。桥灯的制作也有不同，有的在木板上用竹篾扎成拱形，即龙脊，外糊棉纸、彩绘龙鳞，红黄绿相间，刷上羊油后点亮蜡烛十分鲜艳。还有的在木板上用竹篾扎成人物、动物，最精彩的当属桐琴赵宅的人物花灯，每组人物一个戏曲故事，根据民间常演不衰的《通天河》《珍珠塔》《西游记》《水浒传》等扎成人物花灯，如孙悟空、关云长、吕洞宾、白娘子等，形神逼真，生动谐趣。同时还兼有动物花灯，牛、羊、猪、兔、马、猴，一应俱全。有的人物、动物花灯，灯板下装有活动关节，用以操纵举止，边迎边走，栩栩如生，让人叹为观止。桥灯一般百余桥，多则数百桥。桥灯的制作，则是由农户自己负责，各显神通。

龙尾，即在木桥上用竹篾扎成龙尾的形象，龙脊龙鳞鲜明艳丽。其形态各地大同小异。

旧时迎龙灯，过了正月初八，各村便开始准备，村中热心人挨户募捐，称“写龙头”；逢家约灯，称“写桥灯”。龙头制成，先用红绸包住“龙眼”，然后选择吉日良辰，行开龙眼仪式，设祭后解去所系红绸，鸣炮奏乐。“开眼”后，每餐设斋祭祀，鼓乐常伴，谓之“养龙”。龙灯出迎，各

迎龙灯

地多为三夜，即正月十四、十五、十六三夜。十四傍晚，由五六位壮汉擎抬龙头游村，旗牌灯前导，锣鼓唢呐伴奏，意谓“催灯”。龙头游村一周，各户桥灯纷出，于场院和龙头相接，前后排成一列，俗谓“接灯”。接灯毕，鸣炮数声，正式开迎，旗牌灯开路，锣鼓唢呐前引，绕村转巷，或漫游，或奔跑。有的大村，龙头后接灯多达数百桥，甚至上千桥。整个队伍长达四五里，左摇右摆，前呼后拥，气势汹涌。绕完村，一般都要在晒场上团阵，主要阵势有荷花阵、剪刀阵、铁索箍、肚里滚、双开门、绕屋柱等，十分精彩惊险。旧时习俗，十四夜龙灯一般不出村，谓之“头夜利本村”。十五夜，迎龙灯活动达到高潮，参与者最多，灯列也最长。此夜，龙灯要出村迎赛。几列龙灯相遇，则要赛灯，龙头赛高或灯列赛阵，各列龙灯时围时奔，或滚或绕，尽献其技；各村乐队鼓乐高奏，爆竹齐鸣，纷争光彩。整个场面群情激奋，欢声雷动，龙灯活动逐入高潮。十六夜，龙灯出迎郊野，上山冈、转田埂、绕溪流、圈池塘，以此驱走瘟神，祈求风调雨顺、岁岁丰稔。龙灯回村，于晒场开阔处狂奔劲舞，拼力拉扯，俗称“冲灯”或“抽灯”，以拉龙头落地为大吉，落地即“及地”，以讨“及第”之彩。冲毕则“散灯”，各户桥灯各自扛回家收藏。龙灯迎毕后，龙头的各式彩灯则要分送村中新婚夫妇，俗称“送灯”，谐“送丁”之音，俗谓受之者能早生贵子。

舞狮子

舞狮子分落地狮子和拉线狮子两种。

落地狮子，用布制作成狮皮，上面用络麻制作狮毛，染成红色或绿色，连接上嘴巴能够张合的狮头，披在前后两人身上。狮前有一领狮者，武生打扮，手拿绣球诱狮，配以锣鼓加唢呐，作双狮抢球舞，穿插搔痒、抖身、舔毛、滚地、逗乐等动作，还能表演“盘八仙”“钻火圈”等。舞狮多伴有武术表演，狮子鬃毛的色彩大有讲究。狮子鬃毛青色，狮子班可随处表演，不会有人

舞狮子

来争比高低；狮子髦毛红色，叫“红头狮子”，武艺高强者则要现身舞场，与狮子班高手决一雌雄。

拉线狮子，亦叫“抬阁狮子”或“九狮图”。在一个由四人抬着的方形木架前伸出一根长竿，上悬一只绣球，架上吊着8只狮子，全用滑轮串起拉线，由6人在架后牵动拉线，8只狮子欢快地左右跳跃，进退嬉闹，争抢绣球。抢球高潮时，绣球豁然打开，从中跳出一只玲珑可爱的小狮子。在乐队的伴奏下，渲染出狮子表演中雄健欢快、机灵活泼的感情色彩。舞狮子旧谓有驱鬼祛邪之意。

走马灯

走马灯，也称马灯舞，相传为纪念王昭君和番而作。马灯用竹骨、纸质糊成前后各半头马，前首后尾，装扮在人身上，把步履人装扮成骑马状，多人组成舞蹈队，边歌边舞，歌舞结合。一群马灯九匹马，头马为王昭君，二马、三马为蒙古人，其余六匹马为各抱琵琶的姑娘。也有的化妆成其他戏曲人物。走马灯是古时浙中金华一带流行甚广的一项民间游艺活动。

走马灯

踩高跷

高跷，俗称“长脚鹿”“长脚梗”。参加人数不限，男女合演。演员往往化妆成民间常演的某戏出人物，如“杨家将”“西游记”等。设有打击乐队，只游不演唱。长脚的装扮以每人用两根上扁下圆、中有脚蹬的棍棒，捆缚于双脚小腿，长脚行走，颇为奇特。

踩高跷

过去小学体育课也有踩高跷项目，初学走低跷，两手握住跷杆，双脚站上行走，此时不稳，摔倒也不碍事。低跷会走后，老师才会让学生上高跷，捆好双脚，扶学生起来。学生先可手扶墙练习走路，找到感觉双脚平了，便可大胆往前走了。站在高跷上走路，“高人一等”，俯视周围，别有一番情趣。

浪街

在浙中武义县桃溪镇陶村，每年的除夕和元宵之夜，当贺岁的爆竹和闹元宵的龙灯过去，喧嚣的节日山村回归到宁静之时，一拨民间艺人便开始结集上路，走街串巷，吹拉弹奏，并循环往复，深更不止。为静怡安然的山村平添了节日的气氛，为父老乡亲送上了悦耳动听的乐曲。乡亲们或卧床聆听，或推窗窥视，尽享优雅的听觉盛宴。这独有的民俗活动，当地俗称“浪街”。

浪街演奏的乐曲，俗称《浪街调》，也叫《路调》《行路调》，是用笛子主奏的民间丝竹锣鼓乐曲，由10首曲子联套而成。采用以笛子为主奏，伴以二胡、三弦等丝弦乐器，板鼓、扁鼓、竹梆、碰铃压板击拍，小锣、苏锣、次钹等结合旋律作点缀性轻敲，速度缓慢，曲调柔和细腻，优雅美妙。清丽的乐音在夜空飘荡，令人心旷神怡。

浪街

十 店铺篇

店铺是商店、铺子的统称，作坊是从事手工制作加工的小型工场。店铺和作坊是传统商业模式，其经营门类繁多，商品齐全，特色各异。大部分店铺是由店主亲自经营的。但也有少数店铺，由账房先生打理，老板一年查一回账。此类店铺多属于外地大商人。

中国传统手工业与商业文化源远流长，店铺、作坊既是古代社会的工商业组织，也是近现代工商业组织的一部分。传统店铺、作坊的商业模式，在漫长的经营实践中，形成了不同地域、不同行业、不同的民俗文化，对当今商业经济的发展，仍然具有积极的影响。

酒店

传统形态的酒店是设立在路旁、村中或街上，以卖酒为业的店家，准确的称呼应该叫“酒家”。其店铺内摆设一般是柜台后为货架，货架上摆满各种牌子的罐装、瓶装酒；柜台内摆有整坛的坛装酒可开坛零卖；酒柜台前摆两三张方桌（俗称“八仙桌”）配上凳子（俗称“四尺凳”），为过往的客人提供方便。过往的客人可以坐下来，向店主要上一碗（半斤）酒，配上花生米等一两个小菜，以供临时解个酒瘾，充个饥，休息片刻，或者两三个好友聊个天。

现代意义上的酒店，又称为宾馆、旅馆、旅店、旅社、商旅、客店、客栈，其基本定义是提供安全、舒适，令利用者得到短期休息或睡眠空间的商业机构。一般说来，就是给宾客提供歇宿和饮食的场所。具体地说，饭店是以建筑物为载体，通过提供客房、餐饮及综合服务设施向客人提供服务，从而获得经济收益的场所。

酒店

我国的茶坊（馆）由来已久。据史料记载，早在唐代开元年间，乡镇中就已经有煎茶出卖的店铺，付钱取饮，这是“茶坊”的初级形式。到了两晋时已经有了真正意义上的“茶坊”。自古以来，称茶坊多见于长江流域。另有多种称谓，如两广多称为茶楼；京津多称为茶亭。此外，还有茶肆、茶寮、茶社、茶室、茶屋等。

古时候的茶馆比较简单，几张简易的长条木桌配上长条木凳，一般的粗瓷茶杯，在里面捻上一撮茶叶放在客人面前，再到茶炉上拎来“呲呲”冒烟的滚开水冲入茶杯。茶叶还在茶杯中上下翻滚，客人早已来不及端起茶杯送入口中了。

县城和镇上大一点的茶馆里，旧时配有说书者，还有唱小曲的，可以说是天天座无虚席。乡村的小茶馆请不起专业的说书人，偶尔会叫盲艺人来唱道情。竹板的“啪啪”声加上琴筒的“嘭嘭”声，盲艺人时而高亢粗犷的男声，时而尖细婉转的女音，惟妙惟肖的说唱引得大家如痴如醉、大声叫好，听唱道情在那时已是十分难得的艺术享受。

茶馆

民间还有茶摊，与茶坊一样，都是专门用来喝茶的。不过茶摊与茶馆相比，有经营大小之分和饮茶方式的不同。茶馆设有固定的场所，人们在这里品茶、休闲等；茶摊没有固定的场所，是季节性的、流动式的，主要是为了过往行人解渴，或早上喝早茶的人提供方便。

茶坊是爱茶者的乐园，也是人们休息、消遣和交际的场所。在茶馆喝茶，主要是图个热闹，特别是在乡下，能够天天热闹的地方就只有茶馆。茶馆里的新闻特别多，在这里没有什么天下大事是打听不到的，大到火箭上天，小到家长里短，国际的，国内的，听来的加上自己编的，在这里都可以无所顾忌畅所欲言，谁也不会追究事情的来龙去脉，只为博得大家一笑。如果谁与谁吵架了或有什么矛盾纠纷，这里就是一个编外的“法庭”，茶客们就是“法官”与“律师”。他们唇枪舌剑，激烈辩论孰是孰非，如没有什么大不了的纠纷，茶客们也会当和事佬，极力劝和双方。就是两夫妻吵架了，茶馆也是一个纾解郁闷的绝好场所，茶客们纷纷劝解：“女人家头发长见识短，与她计较什么？”谁家有了什么困难，茶客们也会热情地出谋划策。

文人雅士、亲朋好友聚在茶馆品茗论文聊天，一些医卜星相、烟花女子也穿梭在茶客间寻机看相、招揽生意，游手好闲地痞无赖之流也少不了在茶馆寻事滋事，找人麻烦。

中药店

旧时，各个县城都有多家中药店。兰溪历来中医药发达，兰溪药商利用水路交通之便利，在金华府各县开设中药店惠及一方。武义有好多家中药店都是兰溪人开的，较有名气的有王储春药号、春裕堂药号、太和堂、同吉谦药号。

过去进药店当学徒须有举荐人陪同，按规矩向店方行“拜师礼”。三年学徒，从早上开门到晚上关门打烊，店里杂务都要做。晚上读药书、识药材、练习包药。平时住店里不准回家，经过勤学

苦练，练就一手加工炮制、泛丸识药、柜台调剂的真功夫。

旧时中药店十分讲究仁义道德，讲究信誉，注重金字招牌。每个店都立有戒牌店规，强调他们制药讲货真价实，戒欺戒骗。像王储春药号自养梅花鹿，秋深冬初，药店要制全鹿丸，会在四乡张贴告示，预告某月某日宰杀梅花鹿制药，欢迎市民惠顾。宰杀当日，店里将系好红绸的梅花鹿，敲锣打鼓游街串巷一圈，然后抬到县城小南门外高筑坛台，当众用白绫细绢绞杀，仪式十分隆重，市民踊跃观看。然后将鹿抬回店里制作全鹿丸，以示地道。

每逢端午节，店里熏燃苍术、白芷，浓郁香气萦绕店前。店里还泡好雄黄酒，为进店小孩额头上写个“王”字以示祛邪避灾，吉祥如意。酷暑季节有的中药店还会向乡亲免费赠送避瘟丹、藿香、药茶。冬令时节，大药店还会为顾客免费煎膏熬药，以揽民心。

各药店都有自己制作的丸散和秘方，以显自家特色。旧时中药店一般都是前店后坊，即前面是店堂，后面是药材加工秘制作坊。中药店摆设一般是曲尺柜台，存放药材的百眼橱、瓷瓶、锡壶，还有戥子秤、加工药材的铜杵筒、杵药铁船、切药凳。柜台外放几张太师椅或长凳供顾客休息。有的中药店店主是中医师，亲自坐堂就诊，为顾客开方抓药，方便顾客。

中药店

山货店

山货店，是专门经营百姓日常生活用品的山地货商店。主要经营商品有：竹木类的扁担、竹椅、篾凉席、木勺、竹筷、竹锅刷、竹扫帚、畚箕、箩筐、托盘、米筛、菜篮、水桶、脚桶、尿桶、火桶、火笼、箬帽、木梯、竹梯等；草编类的蒲垫、草帽、蒲扇、草绳等；棕编类的蓑衣、棕床板、棕刷、棕绳等；以及炭炉、鸡毛掸子、搪瓷碗、传统小炖盅、泥壶、痰盂、尿壶等。

旧时，武义城里有“恒泰山地货号”“望春山地货商店”“陈义和号山地货”等二十几家山地货店，各种商品五花八门，惠及千家万户，是旧时百姓时常光顾的商店。

山货店

南货店

南货店，顾名思义，就是旧时主要经营南货的商铺。南货是江南地区商品的统称，泛指南方果品、甜点茶食、腊肉腌货、干果海味等。宁波、台州、温州的“海味”，金华的“金华火腿”，绍兴的“绍兴黄酒”，徽州的“茶叶糕点”都属于南货。

旧时，凡逢过节、红白喜事、民间祭祀活动以及交际礼仪等活动，都得和南货店打交道，因为操办这些事的祭祀用品和食料都得从南货店购买。浙中金华八县的南货店行多为徽商占据，因

南货店

为徽商资金雄厚，经商历史悠久，且徽商外出抱团结帮、信誉度高，广受百姓认可。

南货店柜台包装糕点都用一张方形粗草纸，称好的糕点呈宝塔形摆放，然后将草纸折成有棱角的元宝形并盖上一条红纸，再用草绳或纸绳捆扎。顾客们拎着礼包走访亲朋好友，显得体面光彩。这种节俭环保又沾喜的传统包装让人回味无穷。

南货店经营都讲仁义道德，童叟无欺，货真价实，斤两足、货新鲜。每逢节庆进店买东西还会送点红利，抱小孩的进来还会送点糕点给小孩尝尝。

布店

旧时，街上有许多布店，大的布店有经理一名，伙计二人，再收一两个学徒；一般的布店由店主本人加一名伙计经营。布店大都经营白布、丹士林、青蓝布、花布，被单料、蚊帐用麻纱布和一些高档绸缎。布店老板、伙计待客和蔼，童叟无欺，殷勤招待，量布放尺，让顾客满意。

布店

布店也有一些规矩，如柜上同人不得携家眷留宿，晚上上好排门后（关门）不得外出。不得代客支借作保。不准抽烟，以防火灾。待客必须谦和、忍耐，不得与顾客争吵打架等。因此过去店员大都十分守规矩，和气做生意。

酱菜店

柴米油盐酱醋茶，是百姓开门七件事。古时一年四季种植蔬菜不容易，到了冬夏季或自然灾害年份，往往吃不上蔬菜；而到了春秋蔬菜旺季，菜又吃不掉。老祖宗就试着用盐晒酱腌菜，让腌菜得以保存，以备蔬菜淡季有菜吃。经过几千年的积累，中国的酱菜闻名世界，成为百姓生活中不可缺少的传统菜。

旧时，武义城里有八家酱坊和酱菜店，较有名气的是杨义丰酱坊和杨益茂震记酱菜园。杨义丰酱坊开设于1920年，杨益茂震记酱菜园1930年开办，都到新中国成立后公私合营止。

酱菜店

酱菜店进店是一个拐角形柜台，朝街的柜台上和柜台后壁柜上摆满装有各种酱菜的玻璃瓶、陶瓷坛，里面各装黄豆酱、酱瓜、酱生姜、酱萝卜、酱大蒜、酱辣椒、酱豆、红方豆腐乳、白方豆腐乳、酱什锦菜、榨菜等丰富多彩的酱菜。柜台尽头摆放着酱油缸、盐缸，有些店还会放些黄酒坛卖点黄酒。旧时酱菜店给顾客称好酱菜，会用荷叶包装，既环保又清香。卖酱油用竹制量筒提顺着漏斗流进酱油瓶或陶坛里，既方便又省时。

旧时的酱菜靠自然发酵，制作没有添加剂，富有乳酸菌有助消化，调节肠胃功能，是十分受百姓喜爱的开胃菜。

当铺

当铺，亦称“典当行”，旧时流行一句话“若要富，开当铺”。但当铺不是谁都能开的，一般开当铺的不是官府里有靠山，就是地方上有势力的人。

每家当铺的门口墙上都写有一个大大的“當”字，进门柜台高立，柜台外边立有栅栏，典当东西要双手高高举起才能递进

去，因此当铺接待员称为“朝奉”。大门与柜台中间设有一道木板墙，防止门外过路人窥视，以保护典当的私密和安全。当铺的当物分大当、大押、小押三种，大当是当期三年以上，大押当期为两年或一年，小押当期为一年以下或几个月。所当物品有金银、首饰、玉器、家私、衣物等较为贵重的物品。

朝奉收来的物品由当铺老板拍定该物件的价钱，经双方认定画押后，当铺收物给钱，所当之物品期满赎回，否则当铺拍卖，所得款归当铺所有。每个当铺都有自己特定的当票（当铺收取当物，付给收据，作为赎取当物的唯一凭证）作为双方典押凭证。旧时当铺老板为了防止冒领、官司纠纷，将当票做得“鬼画符”一般暗藏玄机难以辨认，以便今后打官司时稳操胜券，吃亏的还是典当人。当铺挣钱的手法是“九出十三归”，价值十元的当物，当客只能拿九元，而当客到期赎回物品时却要付十三元。

旧社会的当铺实际上是个放高利贷的场所。

当铺

馒头铺属小本生意，一般为夫妻店，忙时雇个帮手。一间店面，店堂即作坊，各地城镇都有，旧时武义城内就有3家馒头铺。

馒头铺的摆设，一般靠店门口用砖砌一个大柴火灶，灶上安置两口大蒸锅，每个蒸锅上叠放七八只大蒸笼，灶口朝外便于招风旺火。灶台内侧靠墙放置一块长条大面案，面案上摆放工具，面案边摆放一只广口和面缸，里壁边堆放面袋、水缸、水桶、发酵大木桶、柴火等。店的另一侧靠墙处也有块大面板，摆放生馒头和备用蒸笼，底下是装熟馒头的箩筐。头一天夫妻将面用老面娘做引子和面发酵，第二天五更起早生火和面做馒头，经过和面、揉面、搓条、刀切、装笼、火蒸、卸笼几道工序，香喷喷白胖胖的馒头就出笼了。

每逢过年过节操办喜事，馒头店还供应印有“福”“寿”“囍”红色字样的喜庆馒头，迎合乡亲吉祥的愿景。

馒头铺

酥饼铺

酥饼铺，即加工、出卖酥饼的店铺。

酥饼，表里酥脆，内荤外素，鲜香可口，是浙中地区一种风味独特的传统点心。

酥饼以面粉、芥菜干、肥膘肉、菜油、芝麻、饴糖为原料，用陶炉、木炭烘焙而成。所以没有烤麦饼方便，一般为酥饼铺专业经营。

金华酥饼历史悠久，南宋婺州浦江吴氏所著《中馈录》中就有记载，只是其所说的酥饼是用蜜糖做馅的，与干菜肉馅稍有区别。20世纪80年代，金华酥饼在技艺上有了较大的改进，开发了金华火腿酥饼、甜酥饼、辣酥饼、薄酥饼等品种，并且已改木炭烘焙为远红外线烤箱烘烤，包装也很讲究。如今，可能是因为怀旧的原因吧，人们还是喜欢吃陶炉、木炭烘焙的酥饼，酥饼铺也越开越多。

酥饼铺

榨油坊

武义自古就有种油茶树榨山茶油、种油菜籽榨菜油的习惯，所以民间历代以来都有榨油作坊，俗称“麻车坊”。

农户将山茶籽或油菜籽晒干后送到“麻车坊”榨油，拿回茶油、菜油自食。茶饼、菜饼拿回可做肥料。麻车主按其加工数量收取工钱。

榨油坊

卖肉店

旧时，农村家家户户养猪，养大就杀了，整头卖给肉店零卖。

开卖肉店很简单，一张大圆段松树原木肉墩，用来剁肉，一张脚粗板厚的长条形松树桌，用来放肉片，一把大杆秤，一把小杆秤；一把大肉刀剁肉，一把小薄刀刮未刮干净的猪毛。长条肉桌上面一排铁钩，挂着一条条肋条肉、猪头、猪肚肠，供买者选。买者指哪块就剁哪块，剁好一称，用毛竹的笋壳一捆，客人付了钱拎着就走。

卖肉店

水果店

水果店，即买卖水果的店铺。

水果因为是鲜果，容易过时变坏，其运输要求快速及时、避免碰撞，保存要求适温适时，不然容易腐烂。

旧时，因为运输不方便，保鲜难度大，水果店很少，水果品种也不多，像浙中武义这样的山区县城，除了当地产的桃子、梨等时令水果，外地的水果只有苹果等保存时间可以较长一点的品种。

现如今，交通方便快速，保鲜设备齐全，水果店越开越多，水果品种也越来越多，甚至有了专业的水果市场。购买食用十分便利。

水果店

文具店

旧时，武义城里有6家文具店，这些店基本集中在五圣堂弄和县衙附近的闹市区，有徐文斋文具店、徐文清开的华成文具店、胡记笔店3家文具店，和华文书屋、大震书局、世界书局3家卖书兼营文具纸张的文化用品店。

从文具店进去，一般见一字形玻璃柜台，大的店有两间店面，沿墙玻璃柜“凹”字形排列。玻璃柜内摆放各种铅笔、钢笔、毛笔、砚台、油烟墨、松烟墨、蓝墨水、红墨水、文具盒、笔筒、尺子、印泥、图钉、回形针、大头针、橡皮、指南针等文具。玻璃柜后面壁架上一般摆放大件文具商品：纸张、账册、公文袋。纸张品种繁多，如红纸、书写纸、牛皮纸、书皮纸、复写纸、宣纸、毛边纸等。另有纸张产品：账册、学生作业簿、名帖、请柬、信封、信纸等。旧时文具店还会兼营体育用品和节庆灯具、彩旗等。

文具店老板和营业员对顾客都十分热情，给顾客上门介绍文具，拿出商品供其挑选，试笔、挑货从不厌烦，对常客买文具还会打折，给点小利。

文具店

饭店

饭店是为人们提供堂食的场所，从古到今各地都有。旧时的饭店与当今的饭店有所不同。尤其是在招呼客人时，当客人到来时，店小二遵循“来的都是客，全凭一张嘴；相逢开口笑，照顾最周全”的服务原则，总是主动地向客人打招呼。按照当时的社会风俗，对不同地位和身份的人都给予礼貌的称谓。如对富家子弟称“相公”，年长者称“公公”，小官吏称“客官”，军士称“官长”，秀才称“官人”，平民称“大哥”等。在对来店客人身份的观察上，店小二是有其独到之处的；在礼貌待客上，要求店主和店小二不但要眼勤、手勤、嘴勤、腿勤、头脑灵活、动作麻利，而且要“眼观六路，耳听八方；平时心细，遇事不慌”，既要对客人照顾周全，还要具备一定的风土知识和地理知识，能圆满地回答客人可能提出的问题，不让客人失望。

旧时武义城里有几家饭店，有名气的是坐落在五圣堂弄丁字街口的“陈林饭店”，此店处在县城中心，壶山街和北门路的交

接口，是人流量最多的繁华地段。该店有3间店面，店门上方挂着一块“陈林饭店”金字招牌，进店柜台后面挂的招牌，上面写着该店特色菜肴名目：“红烧肉”“鱼头滚豆腐”等。店门口有跑堂伙计，身穿对襟衣裳，腰围青色围裙，只要有客进店，急忙笑脸相迎并高声叫堂，让老板和后厨有所准备，且迅速引领食客安排座位，抹桌、倒茶，介绍菜肴，请客人点菜。食客每点好一道菜伙计便高声喊一道菜名，让后厨师傅即刻配菜炒菜。食客有什么口味喜好，伙计也在喊报菜名时一起交代清楚，而且一有空闲便跑去厨房端菜上桌招待客人。饭店老板十分重视跑堂伙计的选择，都要选用脑袋灵光、手脚利索的勤快人，因为饭店生意好坏除厨师手艺外，全靠跑堂的店小二的三寸不烂之舌和热情服务的态度了。

饭店也做上门订菜服务，有顾客上门订菜，立马安排炒菜，随即将热菜装进顾客带来的食篮请顾客带走，让顾客称心。

饭店

米行

米行，是经营粮食买卖的商行。

从前，卖米不像现在用秤来称，而是用斗来量的，米斗为立方体。做生意的人认为米斗对做生意很有彩头，“斗出斗入”，日进万金。

古时的计量单位是石、斗、升、合，它们之间的换算也就是简单的十进制，如一石等于十斗，一斗等于十升，一升则等于十合。这四个单位中，石是最大的计量单位，合是最小的计量单位。

以“石、斗、升、合”等容积单位用以计量米或者麦等固体颗粒的体积。因为当时农村秤比较少，磅秤或地中衡更是少有，粮食又是大宗商品，大量过秤比较麻烦，用容积计量就比较方便。所以，到了新中国成立后的20世纪50年代初期，“石、斗、升、合”这种古典计量方法在中国农村还一直沿用。

“石、斗、升、合”四种计量单位中，“升”和“斗”最常见，“石”和“合”这两种可能因为过大或太小，都不常用，与老百姓的生活关系不大。所以“升”和“斗”的成语与熟语，非常普及，如升斗小民、日进斗金、车载斗量、不为五斗米折腰、海水不可斗量等。

米行

这“石、斗、升、合”的计量名称是很古老的，关于“石、斗、升、合”与我们现在用秤称的重量换算，其实比较难，因为在不同的历史朝代，有不同的规定标准。在实际使用中，在当时也有着很多不规范的行为出现。最开始的时候，并没有明确规定斗的大小具体是多少，因此人们就只能按照自己的随意想法来规定斗的大小，于是出现了各种规定不一的现象，比如“卖粮的斗小，收租的斗大”等不均一现象。关于它的数量，我们听得比较多的说法：十合为一升，十升为一斗，十斗为一石，一石相当于60千克。

新中国农村合作化以后，收粮、分粮就都用秤称，而不用斗量了，交公粮和市场买卖粮食都是过秤，因为秤更准确，误差小。从此，这些计量方法也就基本上被淘汰了。

过去用的斗和升等量具，如今已经越来越少见了，现在我们只能把它当作老物件保存着，为人们留个念想。

在民俗方面，岭南一带农村青年新婚之夜有一个“坐米斗”的有趣习俗：新婚之夜闹洞房毕，新婚夫妻不能立即上床睡觉。而是由伴娘安排坐在床边的米斗上，米斗里放有剪刀、尺子、针线、木梳、小镜、粉盒、毛夹之类要凑够八件。据说此俗始于周朝，文王婚夜有妖狐作祟，于是姜太公拿来聚宝盆，盆里放八仙使用的八件宝贝（暗八仙）：葫芦、葵扇、玉箫、书册、双金线、花篮、拐杖、宝剑。当妖狐到来时，八宝金光射目，妖狐即刻逃之夭夭，王、妃遂平安。后来民间便以女红代替八宝，以驱邪保平安。

裁缝店

旧时，做衣裳有请裁缝老师上门加工，以工论价；开裁缝店，以件计酬两种形式。

在乡村，几乎没有裁缝店，只有城镇或者县城才有专门的裁缝店，一般是客人买好布料，拿到店里，请衣裳老师量体裁衣加

裁缝店

工，以件计价付款。有的裁缝店备有大众布料，可以到裁缝店买布料让衣裳老师量身定制，布料的钱与加工费一并付款。

如今，上门做衣裳的早已不见，裁缝店也越来越少。街上卖衣服的店比比皆是，各种布料、各种衣服款式应有尽有，极为方便。

刻字店

在人们的社会活动中，需要一种证明之类的文书，如田契、房契、借据、分书等。另一方面，旧时读得起书的人少，目不识丁的文盲很多，领工钱、办凭证、上邮局都少不了签名盖章。手头有个印章方便又大气，适应社会的需求，印章刻字业就应运而生了。

武义县城旧时有县府前的益成刻字社、年兴刻字社、上街兰江刻字店3家刻字店（社）。刻字店一般为一间店面，前店后生活用房，前店柜台上放有玻璃柜，玻璃柜里面上下几层分别放印章成品、印泥盒、印章盒及各种材料的印章坯，有牛角章、木质

章、石质章，供人挑选。柜台后放几张小作台，作台上放有砚台、笔墨、数支大小不同的刻刀和印床，作台边刻章师傅戴着眼镜，专注走刀刻字。

老板见有顾客上门立马笑脸问好，询问顾客需求，记下顾客要刻的名字或店号名称（如刻印章人的姓名“李法魁”或店号名称“恒源昌”等），印章的大小规格、材质（木料、石料、牛角、有机玻璃）及印章的款式（正方形、长方形、圆形、椭圆形）、字体（楷书、行书、草书、篆书、隶书、仿宋）等要求。顾客交了定金后，便约时取章。一般的刻字店老板就是刻字师傅，开印章刻字店的老板和雇用师傅一般都有一定文化，平时练就一手好书法，而且还需写刻反字，这样刻出来的章印才是正字。章上的文字表现形式有阴字、阳字之分。

把章胚磨平，写上反字，固定在小小的夹床上，用刀刻字，尖口刀和平口刀如何交替使用，全在于师傅指力的控制，在方寸之间能游刃有余，没有手艺是不行的。

刻字店1

刻字店2

百货店

百货店，即百货商店。旧时，凡是卖日杂的商店都叫百货商店。而现代意义的百货店，是指在一个建筑物内，经营若干大类的商品，实行统一管理，分区块销售，满足顾客对时尚商品多样化选择需求的零售业态。

百货店

糕饼店

糕饼，是糕点和饼干的合称。糕饼店，就是经营糕点和饼的店家。

糕点，以面粉或米粉、水、糖、油脂、蛋、乳品等为主要原料，配以各种辅料、馅料和调味料，初制成型，再经蒸、烤、炸、炒等方式加工制成。糕点品种多样，花式繁多，有3000多种。月饼、蛋糕、酥饼等均属糕点。

饼干，以小麦粉（可添加糯米粉、淀粉等）为主要原料，一般加糖、油脂及其他原料，经调粉（或调浆）、成型、烘烤等工艺制成的口感酥松或松脆的食品。

糕饼店

柴炭行

柴，是烧火用的草木，俗称“柴草”“柴火”。炭，是把木材和空气隔绝，加高热烧成的一种黑色燃料，俗称“木炭”。柴炭行，即专营柴火和木炭的店铺。

旧时，街上有专门买卖柴、炭的店家，柴，一般为干燥的柴片、柄子柴；炭，即木炭，俗称“白炭”。以低价收购，高于收购价卖出，赚取差价为盈利。

柴炭行

剃头店

“剃头挑子一头热”这句话道明了剃头匠的行头，让人看到了剃头匠挑着担子出门做生意的身影，以及理发行业的历史状况。

理发，俗称“剃头”，被誉为“顶上功夫”，民间有副对联“虽为毫毛技艺，却是顶上功夫”。俗话说“自己的头要人家剃”，这说明了剃头行业的重要性，它是与每个人相关的行业。

然而，旧时的剃头行业，一般都以挑着担子上门服务为主，民间剃头店很少，一般大的集镇，甚至是县城才有“剃头店”，店堂也比较简单，墙上一面镜子，一张可以转动的躺椅，一把剃

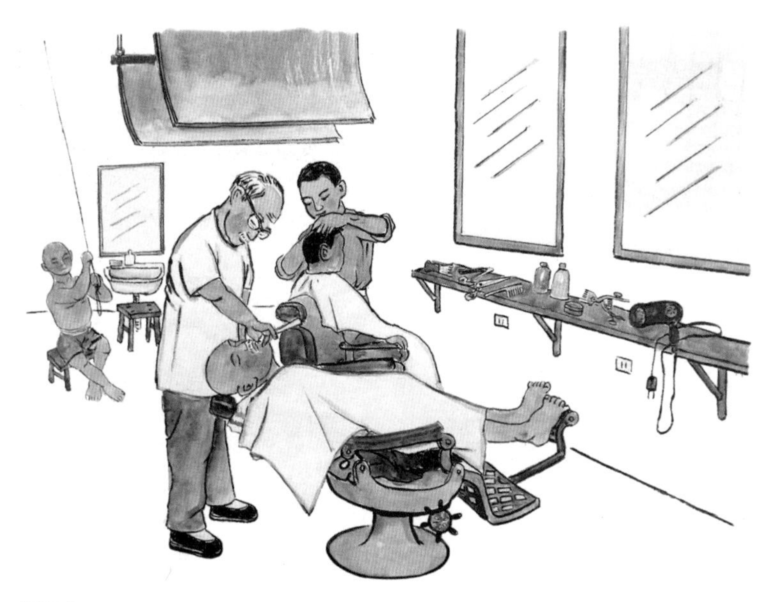

剃头店

刀。带个徒弟学剃头的，只能让客人坐在小凳子上剃头，而这都已是新中国成立前的事了。但也见过在剃头店的楼栅下，挂两片风叶，拉着绳子扇风的情景。

如今，挑着担子出门剃头的情景早已不见，取而代之的是五花八门的理发店，店内条件非常好，空调、躺椅、电剪、电吹风的，也不仅仅是理发，洗头、染发、烫发、洗脸、修脸、按摩，一应俱全。

香烛店

香烛店，是专门供应香、纸、蜡烛等祭祀用品的店。

香分香型、长短、粗细；纸有锡箔、利市、黄纸，以及结好的元宝、宝鼎；蜡烛有红白、大小之分，一般以斤、两相称，如两斤、八两；蜡烛的花色也不少，结婚的龙凤烛，喜庆的大红烛；等等。与之配套的还有烛台、香炉等。

香烛店

棺材店

旧时为土葬，人们十分重视自己过世后的安居之物——棺材。有条件者过了中年便开始请专做棺材的木匠师傅做副好棺材，油漆后存放在祠堂或自家楼上，以备后用。

那时候老人以自己有一副好棺材而自豪。由于古时提倡孝道，看重厚葬，棺材制作十分讲究。富贵人家更是选上等楠木、柏木，一般人则用杉木。棺材还分轻重，越重越贵重，轻的薄的

就叫薄皮棺材，有些特别穷苦人买不起棺材，只得破草席一卷了之。

旧时武义城里有5家棺材店，上街横街有施元银棺材店、林炳远棺材店、僧田巷李樟寿棺材店，小南门外和下街大桥巷口下首各有一家棺材店。棺材店因要存放棺材一般都至少两个店面，一间店堂设作场，一间店面存放棺材。棺材工匠用的工具和木匠几乎一样：斧头、推刨、锯子、凿子、墨斗。唯一区别是木匠要用角尺，而棺材匠则因无须校木方。棺材匠全凭一柄斧头打天下，练就眼到、手到、斧到的硬功夫，挥斧两臂生风，劈木如泥，几下劈下来基本八九不离十，再用刨加工一下，棺材即可成型，省时省工，神乎其神。棺材做好还要进行雕刻，一般雕刻“福”“寿”及龙凤图案，男棺刻“寿”，女棺刻“福”，意为“男人长寿是女人的福气”。棺尾刻写殁者名讳的牌位，然后用真漆批灰油漆，棺身漆黑，两头漆红并贴金描彩。好的棺木要漆数道真漆，直到把棺木漆得乌黑发亮，光可鉴人。一般差的棺材只能代用漆掺点黑粉刷刷而已。

当今已实行火化，用骨灰盒安葬，棺材业也就结束了历史使命。

棺材店

跋

我自幼生活在浙中武义县城，对家乡有着深刻印象和深厚感情。

20 世纪八九十年代起，随着城市改造的推进，昔日古城已逐渐被新城替代，人们的生活方式也发生了天翻地覆的变化。乡愁让我萌发了趁我们这代老人还在，要赶快把老城历史记录下来的念头；张择端的《清明上河图》也给了我一些启发。我决定凭自己的美术基础和前些年在杭州宋城集团、台州吉利集团开发旅游项目时积累的画鸟瞰图经验，把武义老古城的风情画下来。

这一想法得到了好友蔡晓勇的支持，于是我便开始走街串巷，实地寻访老人，写生、拍照，记录收集各种资料。其间非常可喜的是，我得到了曾在新中国成立前后当过县城邮递员、原武义县政府办公室主任、退休老干部胡长金先生提供的武义县城民国时期街道商铺分布的详细资料。我还查阅了清末何德润著的《武川备考》、20 世纪 80 年代编的《武义县志》和县档案馆 1950 年的工商登记等资料。

万事俱备，2010 年 2 月，我辞去台州吉利集团东方太阳城的工作，开始创作《民国武义县城风情图》。完成小稿后，送请时年 93 岁的浙江省文史馆馆员、武义文化老人叶一苇先生审阅。他看了后说：很好，你做了件功德事！并提供了一条鲜为人知的文史资料——当年辛亥革命胜利后，在城南江山殿山上有块“中山纪念碑”。经过近三年的寒窗坚持，我终于在 2012 年 2 月完成《民国武义县城风情图》。

完成这幅巨幅画作后，我自己也病倒了。年底胃感不适，医院诊断为胃癌，到浙一医院手术和化疗，在死亡线挣扎，凭借意志、锻炼、书画养生，我挺了过来。

在养病期间，我脑海里不断涌现出《民国武义县城风情图》中的那些市井风俗人物形象。武义乡亲的那种勤俭持家、诚实敦厚、恋乡重土、守时诚信、尚义好客、尊师重教和敬畏自然的传统文化和良好乡风，历历在目。但在西方文化的冲击下，当今的民族文化氛围越来越淡薄了。一个失去文化根基的

民族，是肤浅的民族。一个失去历史遗存和记忆的城市，是令人悲哀的城市。失去民族几千年沉淀下的传统精华，文化将不复存在。历史的责任，乡愁的情结让我又拿起画笔，画家乡旧时的民风市井和城乡古建，经过几年积累，手头有了几百幅画稿。

2015 年年底，原武义钢铁厂同事徐广安把我拉进“古村之友微信群”，我在群里发了一些画稿，得到了群友的好评和鼓励，共同的乡愁情结把大家联结得更为紧密了。金华“古村之友”发起人陈启加先生在全国“古村之友”发起人汤敏老师考察兰溪游埠三缸（酒缸、酱缸、染缸）活化传承期间，介绍我认识了他。汤敏老师看了我的画稿后表示十分欣赏，鼓励我出版并联系出版社。清华大学出版社和商务印书馆先后找我商议出版事宜，因清华大学出版社在先，于是就与清华大学出版社商定合作出版《过去的乡居生活》。

我的出版合作伙伴唐桓臻先生长期在武义从事文化工作，工作之余潜心于武义乃至浙中地区的民俗文化挖掘整理与研究，发表了不少民俗文学作品和学术论文，已出版《武义风俗志》等十多部专著。这次他在百忙之中，挤时间为我的画稿撰写了十多万余字的配图文字，使得此书图文并茂，更具史料性、可读性，方便读者深入了解曾在过去随处可见的传统民俗文化。

此书于 2017 年顺利出版。2020 年 10 月，清华大学出版社计划再版此书，增加内容，改黑白线图为彩图，由黑白平装改为彩色精装。一年后，新稿基本完成。

借此集稿成书之机，谨向那些曾给予帮助回忆、提供史料的家乡父老，向多年来悉心照料、支持我创作的家人，向给予此书出版鼎力相助的古村之友和清华大学出版社一并表示衷心的感谢。

朱志强

2021 年 10 月

2010 3.26.